2025年度版 公務員試験

採点官はココで決める!
社会人・経験者の
合格論文&面接術

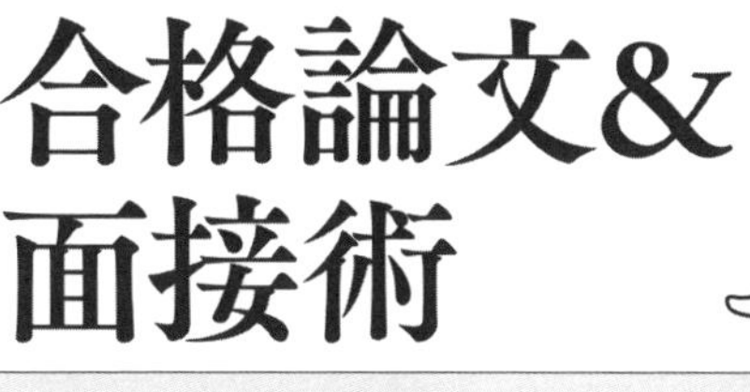

春日文生 著

実務教育出版

はじめに

この本は、公務員試験の社会人・経験者採用にかかる論文および面接対策に関する本です。

これまで15年以上にわたり自治体の現職採点官として、論文採点や面接官の業務に従事してきました。その中で多くの論文や受験者を採点してきましたが、採用側の思惑とは異なる、見当違いの論文や受験者に出合ってきました。「わかってないな～」とため息をつくことも多かったのです。

そうした経験から、受験者に回り道しないで合格を勝ち取ってもらいたいと思い、「現職採点官が教える！」シリーズを刊行し、『合格論文術』『合格面接術』『社会人・経験者の合格論文＆面接術』の３冊を出版しました。おかげさまで、多くの方に読んでもらい、「とてもわかりやすかったです」など、毎年多くの感想をいただきました。

このたび、自治体職員を退職し、さらにもう一歩踏み込んで受験者の力になりたいと考えて、新たに改訂版を刊行することとなりました。退職したこともあって、これまでの書籍よりも、より深い内容に踏み込むとともに、より読みやすくなるように配慮したつもりです。

ところで、皆さんは公務員に対して、どのようなイメージをお持ちでしょうか。手厚い身分保障、恵まれた福利厚生というのは、もうひと昔前の話です。ただそうした「おいしい環境」だけを追い求める人であれば、現実の業務とのギャップに悩んでしまうかもしれません。クレーマー対応、利害関係者との度重なる調整、重箱の隅を楊枝でほじくるような間違い探しなど、公務員の仕事は単なる「お役所仕事」では済まされない地道な業務が多いからです。

しかし、それでも公務員の仕事に魅力があるのは、「市民の幸せ」「公共の福祉」のために業務ができるからという点があるからでしょう。どうしても利益の追求をせざるを得ない民間企業とは、徹底的な違いがそこにあるのです。住民が希望していた施設がようやく完成した、悩みを抱えた市民が役所で解決の糸口を見つけられた、そんなときに「ありがとう」「助かりました」などと感謝の言葉を頂戴します。そうした言葉が、公務員としてのやりがいを与えてくれるのです。受験者の皆さんにも公務員になって、ぜひそんな瞬間を味わってもらいたいと心から願っています。

社会人・経験者の皆さんが公務員になるには、新卒受験者とは異なる対策が必要です。そこで、本書では次の点をポイントにしています。

本書のポイント

1．社会人・経験者採用試験のねらいや受験者に求めているものを、元採点官の立場から解説する

2．社会人・経験者が、最速で論文・面接対策ができるよう、わかりやすく解説する

3．合格論文や面接の実例を多数掲載する

多くの受験者は「社会人・経験者採用試験は新卒対象の試験と何が違うのだろう？」「どのように論文を書けばよいのか？」「面接で効果的にアピールできるだろうか」と不安に思っているかもしれません。しかし、本書をお読みいただければ、そうした不安を減らすことができると思います。

皆さんが試験に合格し、国や自治体で活躍されることを心から願っています。

春日 文生

Contents

目次

Contents

Contents

購入者特典

あなたの面接カード・論文を見てもらえる！（無料）

長年公務員試験の採点官をしてきた著者が、
あなたの面接カード、または論文を読んでコメントしてくれます。
この機会を活かして合格を勝ち取ってください。
申込方法や締切は本書の最終ページをご覧ください。

社会人・経験者なら知っておきたい
公務員のジョーシキ

総合計画

自治体を研究するためには、各自治体の総合計画への理解は欠かせません。総合計画とは、自治体が計画的に行政を進めていくための目標で、一般的にすべての行政分野をカバーしています。その構造は、基本構想、基本計画・実施計画の３層になることが多いです。

基本構想がおおむね10年から20年先にわたって実現すべきビジョンや政策大綱で構成され、基本計画は５～10年を実現目標の期間として、基本構想を実現するための基本的な政策となっています。実施計画は３～５年にわたって実施されるべき政策が明示されています。実施計画は、毎年の実施状況や予算等を勘案し内容を変更します。

かつて基本構想の策定は義務でしたが、2011（平成23）年の地方自治法の改正に伴い義務ではなくなりました。しかし、実態として多くの自治体では、この計画体系が残されています。受験者としては、総合計画をすべて覚えることは必要ありません（そもそも、そんなことはできません）が、「やってみたい仕事」に関する部分については、「どのようなことを目指しているのか」「具体的な事業はどのようなものがあるか」は確認しておきたいところです。

なお、「環境基本計画」のような各行政分野の計画については、一般的に個別計画と呼ばれ、総合計画とは異なるものです。

Chapter 1

社会人・経験者採用の目的とポイント

欲しい人材・いらない人材

社会人・経験者採用試験では当然、即戦力となる人材が求められています。その場合、即戦力とは具体的にどんなスキルや才能、経験・知識を指すのでしょうか。自治体が人材を求める背景や、面接官が注目する人物像、逆に採用をためらう人材を、採用側の視点から解きほぐしていきましょう。

「楽だから公務員に転職したい人」はいらない

その人材を求める理由は

社会人・経験者を対象とした試験では、一般的な新卒対象の試験とは、受験者に求めるものが異なる。新卒と同じようなアピールや論文では物足りない

欲しい人材

採点官が考えていることを理解できる人、「楽」以外の魅力をいえる人

いらない人材

「今の仕事は大変、だから楽な公務員になろう」と考える人

↓

こんな人物が職員になったら、
周囲へ悪影響を及ぼし、組織の成果も上がらない
何度受験しても合格は無理

採点官が考えていることを知らずして合格はできません

現在、国や地方自治体を問わず、社会人・経験者を対象とした公務員採用試験が実施されています。実施機関や試験回数も増え、かつてよりも合格しやすくなりました。しかし、それでも**何度受験しても合格できない受験者が存在することも事実**です。

これまで自治体職員として、長年、採用試験の論文採点や面接官を行ってきた経験からいえば、その原因は「採点官が何を考えているかを、受験者が理解していないこと」、これに尽きるといっても過言ではありません。

社会人・経験者を対象とした試験では、一般的な新卒対象の試験とは、受験者に求めるものが異なります。このため、**社会人・経験者試験の受験者が、大学生と同じようなアピールをしたり、論文を書いたりするのでは困る**のです。このことを十分に理解しなければ合格は困難です。

「楽だから公務員に転職したい」っていうの困るんです

「公務員は楽」という発想はいったん封印してください。

社会人・経験者試験の受験者に対して、**採点官は「今の仕事は大変だから、楽な公務員になろうと思っている」と基本的に疑っています**。なぜなら、そう考えて受験している人が少なくないからです。

そうした受験者を実際に合格させてしまうと困った事態が起こります。「ただ楽をしたい受験者」が合格して公務員になった後、本当に働かなかったとしたら、周囲の職員に悪影響を与えてしまうのはもちろんのこと、組織としての成果も上がりません。これでは採用した意味がありません。だから、「ただ楽をしたい受験者」を避けたいのです。

以上の理由から、皆さんには「公務員は楽」という発想は封印し、「楽」以外の魅力をアピールしてほしいのです。それは、一企業の利益ではなく公正中立な視点で仕事ができることや、社会的弱者をサポートできるなどが考えられます。また、「民間企業で経験を積んだからこそ、行政でその実力を発揮したい」ということもあるかもしれません。

受験者の中には、「現勤務先がブラック企業なので、法に守られて身分保障が手厚い公務員になりたい」という人もいます。しかし、「楽をしたい」が前面に出ては、採点官は身構えてしまいます。注意してください。

「新卒とは違うアピールができる人」が欲しい

その人材を求める理由は

行政課題は高度化・複雑化し、住民要望は広範囲、DX の推進や少子高齢化など時代は変化している。これらの課題に新卒公務員だけでは十分対応できない

↓

自治体は多様な人材を求めている。そのため社会人・経験者を職員として採用する必要がある

欲しい人材

社会人・経験者ならではのアピールができる人

- 必ずしも特別なスキルや才能でなくてよい
- 社会人としてのコミュニケーションスキル、マナー、顧客対応などもアピールになる

いらない人材

新卒受験者と同じアピールしかできない人

なぜ社会人・経験者試験を実施するのか

皆さんは、そもそもなぜ社会人・経験者試験を実施しているのかを考えたことがあるでしょうか。理由はもちろん一つだけではありません。

就職氷河期などもあったことから、職員の年齢構成のゆがみを是正したいという自治体固有の事情もあります。ゆがみがあると、特定の時期に多くの職員が定年を迎えてしまい、困ったことになるからです。

しかし最大の理由は、**多様な人材を求めているから**です。新卒公務員だけでは、現在の行政ニーズに十分対応できないのです。行政課題は高度化・複雑化しています。住民要望は広範囲になっています。DX（デジタルトランスフォーメーション）の推進や少子高齢化など、大きく時代が変化しています。こうした課題に対応するためには、新卒公務員だけでは十分でないこともあり、社会人や民間企業経験者など多様な人材が必要なのです。

新卒で公務員になった職員は、基本的に自治体での経験しかなく、公務員としての視点しかありません。このため、どうしても視野が狭くなりがちです。変化の激しいさまざまな行政課題に対して、必ずしも十分な戦力とはいえない面があるのです。このことは、民間企業も同様でしょう。

このため、公務員に限らず、民間企業も含めて第二新卒や中途の採用に積極的です。労働市場全体が「新卒一括採用」「定年まで生涯勤務」といった従来の雇用環境から変化し、転職が当たり前になっています。

新卒受験者と同じアピールしかできない人は困る

以上のことを踏まえれば、どんな受験者が困るかということが、おわかりいただけるかと思います。

採用する立場からすると、新卒受験者と同じアピールしかできない受験者では、採用するメリットがないのです。社会人・経験者だからこそ、新卒受験者とは異なる点を示してほしいわけです。

「自分にはそんなにアピールできる点はない……」と考える人もいるかもしれません。しかし、必ずしも特別なスキルや才能でなくても構わないのです。たとえば、社会人としての対人関係は学生どうしとは異なったコミュニケーションスキルが求められます。また、マナーや顧客対応なども身についているはずです。こうした点を押し出せば学生との差別化を図ることができます。

「即戦力になる知識・経験を明確にできる人」が欲しい

その人材を求める理由は

社会人・経験者には即戦力として期待している

↓

何が即戦力になるか
- 特定のスキルや経験・知識（これがあれば強い武器になる）
- ビジネススキルの視点
- 業界の常識を応用する視点

欲しい人材

特定のスキルや経験・知識を持っていて、アピールできる人

いらない人材

新卒と同じアピールしかできない人

特定のスキルや知識・経験、資格は即戦力になる

採用担当者としては、社会人・経験者には即戦力となってくれることを期待しています。新卒受験者と同じアピールしかできないというのでは、困るのです。では、具体的に何をアピールしたらよいでしょうか。

民間企業などで培った、**特定のスキルや経験・知識など**があるならば、それをアピールしてください。プログラミングなどのITスキル、英会話などの語学力、簿記などの会計知識、宅建（宅地建物取引士）などの資格、福祉や金融など業界に関する知識などが考えられると思います。

そうした特化した内容が思いつかない場合は、**ビジネススキルの視点**で考えてみましょう。コミュニケーションスキル、段取り力、巻き込み力、調整力などがあるでしょう。新入社員時代から現在までに身につけたことを振り返れば、「何もない」という人はいないはずです。

部下とまでいかなくても、後輩社員を指導したことがあるならば、リーダーシップ、指導力なども考えられるでしょう。

属していた業界の常識は新視点としてアピールできる

受験者によっては、これまでの経験が自治体業務とあまり結び付かない人もいると思います。この場合、**自分が属していた業界という視点**で考えると幅が広がります。

たとえば、コンビニエンスストアのアルバイト経験しかなかったとします。実際にはレジ打ちや商品補充の業務しか行わなかったとしても、次のように考えることも可能です。

コンビニ業界では冷やし中華や手袋など、季節に大きく関係する商品は、本格的に売れ始める前に販売し始め、流行する時期に棚から下げるといわれている。つまり、顧客ニーズの先取りである

これに関連させて、「住民ニーズを先取りで把握し、さまざまな事業に反映する」という発想をアピールするのです。そうした視点もアピールに使えます。実際に自治体で反映できるかは別にして、通常の自治体業務では、そうしたニーズを先取りすることはあまりありませんから、新たな視点として面接官が納得する可能性もあります。

専門性とは、必ずしも自分が直接従事した業務だけでなく、このように業界としてとらえることも有効なのです。

「公務員にはない**自由**な**発想**を**発揮**できる人」が欲しい

その人材を求める理由は

公務員の発想は硬直しやすい

- 法令に縛られている
- 公平・公正を重視している
- 「間違いがないこと」が重要

欲しい人材

公務員にはない自由な発想を発揮できる人

- 自由な発想とは「公務員の思考の殻」を打ち破る発想
- さまざまな行政課題に民間の発想を取り入れたい

いらない人材

新しいことにトライする気概がない人

「公務員の硬直的な発想を何とかしたい」幹部職員の思い

公務員の仕事は、法令に縛られていること、公平・公正を重視していることなどから、どうしても前例踏襲になりがちです。また、「間違いがないこと」が極めて重要ですので、何か新しいことをやろうという雰囲気が生まれにくいことは、想像できるかと思います。こうしたこともあり、**公務員の発想は硬直的**といわれることが多いのです。

実際に自治体の窓口などで職員と接し、あまりの融通の利かなさに辟易した人もいるかもしれません。まるで公務員は呪縛にとらわれているようにも見えるかもしれません。しかし、そうした認識自体、公務員は自覚していないこともあるのです（周りも同じ公務員ですから……）。

このため、自治体の採用担当者に限らず、経営層の職員（幹部職員）もこれをどうにかしたいと考えています。その一つとして、社会人・経験者の職員には「公務員にはない自由な発想を発揮してもらいたい」と望むのです。

「公務員の思考の殻」を打ち破る発想を求む

自由な発想というと、何か大げさなように聞こえるかもしれませんが、そんなことはありません。

新型コロナウイルスが流行したときに、民間企業ではいち早くリモートワークが導入されました。しかし、役所では「規定がない」などの理由で、導入までに時間がかかってしまった自治体も多くありました。

感染拡大防止、住民や職員の安全確保などを考えれば、リモートワーク導入が必要なことは、誰にでもわかるはずです。しかし、公務員の世界では「これまでやったことがない」などの理由で、なかなか導入に踏み切れなかったのです（余談ですが、公務員は「できない理由」を並べるのは得意です）。

そこで、**当たり前のことを当たり前に判断すること**、いい換えれば、**前例などにとらわれた「公務員の思考の殻」を打ち破る発想が求められる**のです。

さらにもう一歩進めて考えれば、**さまざまな行政課題について、民間の発想を取り入れて解決したいということもあります**。かつて大きな社会問題であった保育施設の待機児童問題は、行政にとっては「待機児解消」が課題ですが、民間にとっては「保育サービス事業」というビジネスチャンスになります。そう考えれば、あえて公費をかけて保育所を整備する必要はなくなります。

このように、同じ事象であっても、視点によっては課題ではなくチャンスになるわけです。こうした発想ができるのかが問われているのです。

「上から目線の人、自己主張が激しい人」はいりません

その人材を求める理由は

社会人・経験者試験にありがちな勘違いをしている受験者が存在する

欲しい人材

「住民福祉向上のため、自分は貢献します」という姿勢の人

いらない人材

「上から目線」の人

- 民間企業優位の意識を持っている
- 人としての見識が疑われる

自己主張が激しい人

- 公務員としての適格性に疑問
- 周囲の職員とうまくやっていけるか不安

「オレサマが教えてやる」の上から目線の受験者はNG

新卒とは異なり、**社会人・経験者の受験者だからこそ、「公務員試験のことを理解していないのでは？」と思える「勘違い受験者」が存在**します。その一つが、上から目線の受験者です。

たとえば「民間は進んでいて、自治体は遅れている」のような民間優位の意識を持っているような場合です。「自治体では、わざわざ役所に行かなくては保育所の申請ができない。しかし、民間企業ではオンライン申請が当たり前だ。こうした非効率を改善したい」のような論文があります。

このような指摘は確かに一理あると思うのですが、自治体は何も無理に住民を窓口に来庁させているわけではありません。保育所の申請であれば、家族構成や現在の保育の状況など、どうしても直接話をして内容を確認しないと、不備な書類になってしまうこともあるのです。オンライン申請ができたとしても、記入漏れなどがあり、申請者に確認をとらなくてはいけないこともあります。結局、二度手間になってしまうわけです。

こうした事情を知らずに、単に「役所は遅れている」と決めつけてしまうのでは、受験者の見識を疑ってしまいます。「俺（私）が、教えてあげる！」という「上から目線」の受験者を、採点官はわざわざ採用しようとは思いません。そもそも、公務員志望者が行政批判をするのはおかしなことです。

「オレがオレが」の自己主張が激しい受験者はNG

自己主張の激しい受験者も困ります。「私は、これまで誰も達成できなかった困難な営業目標を達成しました」などと話し、いかに自分が優秀な人間であるかを長々と語る受験者がいます。

確かに、自分の実績を説明することは必要なのですが、行きすぎると採用担当者には嫌味に聞こえますし、場合によっては、「ほかの人を蹴落としてまで、自分をアピールする人」と映ってしまうかもしれません。

民間企業の採用試験では、採用してもらうために自分を強くアピールする必要があります。このため、「何とか目立たなくては！」という意識が強くなってしまうことは理解できます。しかし、**公務員試験の場合、自己主張が激しすぎると、「周囲の職員とうまくやっていけるだろうか」「住民とうまくやれるだろうか」と、反対に公務員としての適格性に疑問を持たれてしまう**のです。

新卒であれ、社会人・経験者であれ、「住民福祉向上のため、自分は貢献します」という姿勢の受験者に職員になってもらいたいのです。

「公務員の業務の特徴を理解している人」が欲しい

その人材を求める理由は

民間企業と自治体の目的は異なるので、公務員と民間人とでは視点が異なる。両者の違いを認識していてほしい

- 民間企業の目的：利潤の追求
- 自治体の目的：住民福祉の向上

欲しい人材

職員になって何をしたいのかが明確な人（新卒受験者よりも深い内容であることが望ましい）

いらない人材

自治体職員を希望しているのに、自治体の業務を知らない人

自治体の目的は「住民福祉の向上」と心得ているか

公務員試験を受験しているにもかかわらず、公務員のことを理解していない受験者が存在します（うそのように聞こえるかもしれませんが本当です）。

公務員と民間企業の社員とでは、当然のことながら組織目標が違いますから、めざすべき方向や業務遂行の視点なども異なります。非常にざっくりとしたいい方ですが、

民間企業の目的	利潤の追求
自治体の目的	住民福祉の増進（地方自治法１条の２）

です。このため、**公務員にとっては公平性や公正性が重視されます**。特定の住民だけを特別扱いすることはありませんし、さまざまな制度や規定の整備に当たっては、住民の間で不均衡が生じないようにします。一見、このような業務のやり方は形式的で非効率のようにも思えます。このため、受験者の中には「行政はなっていない！」などと批判を展開する人がいます。しかし、それは自治体の業務を理解していないということになります。

このように「公務員と民間人の違いを十分に理解していること」は非常に重要なポイントなのです。当然のことながら、自治体と民間企業のどちらが優れているかという問題ではなく、両者では役割が異なるのです。この違いを十分理解したうえで、公務員を志望しているのか、民間企業在職時と同じ発想ではないかという点を採用担当者はチェックしています。

「職員になりたいが、業務内容は知らない」は論外

そもそも受験する自治体の業務を理解しているのかも重要な視点です。「私は○○市の職員になりたいです。しかし、市の業務についてよくわかりません」では、面接官も受験者の真剣さを疑ってしまいます。

公務員の志望理由にも関係しますが、「実際に○○市の職員になったら、観光振興の業務に従事したい」など具体的な業務内容を示すことが必要です。そうすると面接官は「観光振興では、具体的にどのような業務をしたいのですか？」のようにさらに質問をして、受験者の真意を確認しようとします。

こうした再質問にも、さらに具体的に答えられれば、面接官を納得させることができるでしょう。社会人や経験者枠での採用ですから、その答えも新卒受験者よりも深い内容であることが望まれます。「観光振興の業務に従事したいのですが、まだ何も知らないのでこれから勉強します」などの回答では、面接官を納得させることは難しいでしょう。

「組織人のルールを理解している人」が欲しい

その人材を求める理由は

社会人・経験者採用試験の受験者は、一定の社会経験がある。組織人のルールを理解しているはず

欲しい人材

組織人のルールを理解している人

● 組織人のルールとは、組織目標の達成、上司のサポート、後輩への指導、チームワーク、周囲とのコミュニケーション、規律の保持などのこと

いらない人材

実務経験が浅く、想像や理想でしか語れない人

経験者なら、組織人のルールを理解しているはず

新卒受験者とは異なり、社会人・経験者試験の受験者には、一定の社会経験、就労経験があります。その経験が正社員でなく、アルバイトだったとしても、組織の一員として働いたことがあるということは、組織人としてのルールを理解している人間だと採用担当者は考えます。

具体的には、**組織目標の達成、上司のサポート、後輩への指導、チームワーク、周囲とのコミュニケーション、規律の保持などについて、組織人として理解しているものと考えます。**

新卒受験者の場合、こうした場面での実体験がないことから、面接などで事例問題として出題されても、想像で答えることになります。しかし、社会人・経験者には、実際に経験してきたという強みがあります。もちろん、これらすべてについて、十分な経験をしたわけではないかもしれません。それでも、何かしらの実務経験があることは、新卒受験者とは決定的に異なるのです。

実体験やエピソードを含む説得力が求められる論文や面接

こうした具体的な内容について、

- **受験者はどのような認識を持っているのか**
- **どのような経験をしてきたのか**

を、論文や面接で検証します。

論文であれば、「あなたが組織の目標達成のために取り組んだことについて述べよ」や「チームとして業務を遂行するに当たって、あなたが留意すべき点について具体的に述べてください」などのテーマがあります。

面接であれば、「もしあなたが本市職員となった場合、あなたより経験年数の長い若手職員をどのように指導しますか？」「周囲の職員と連携して組織目標を達成するために、あなたはどのようなことを意識して業務を行いますか？」など、実際の職場で想定される事例を挙げて、具体的な質問がなされます。

論文であれ、面接であれ、こうした質問に回答する場合、単に理想論を書いたり、述べたりするだけでは十分とはいえません。実際に行ってきた内容やエピソードなどに言及して、説得力ある内容にしてください。

このような組織人としてのルールを理解していることは、社会人・経験者試験では必須といえるのです。

「社会人マナーを身につけている人」が欲しい

入退室のマナー

- 入室前に「失礼します」と言う
- ノックを２～３回してから入室する
- 手を添えてドアを閉める
- 面接官の指示があってから着席する

敬語の使い方

- 自分のことは「私」と言う（「僕」と言わない）
- 面接官に対して「そのように申されますが」はかなりヘン（「おっしゃる」「言われる」が適当）
- 勤務先を呼ぶ場合は「当社」か「現職」を用いる（「弊社」とは言わない）

面接時の服装・所作・マナーは…

Chapter 3 の Episode 7 をチェック！

社会人・経験者採用職員に社会人マナーは教えない

学校を卒業してそのまま公務員になる新卒公務員は、入庁後、さまざまな研修を受けることになります。その一つが、社会人としてのマナーです。具体的には、身だしなみ、あいさつ、敬語の使い方、名刺交換、電話応対、住民対応などです。

しかし、社会人・経験者であれば、これらはすでに身についているものと、採用担当者は考えます。実際、**社会人・経験者枠で採用された職員に対しては、社会人マナーの研修は最低限のことしか行われないのが一般的**で、その内容もマナーを教えるというより、確認という側面が強くなっています（ただし、クレーム対応だけは少し異なります）。

採用担当者の立場を考えればわかるように、社会人・経験者枠で採用されたにもかかわらず、社会人としてのマナーが身についていないために、わざわざ時間と費用をかけて研修するのは違和感があります。それでは、社会人・経験者を採用する意味がなくなってしまいます。

社会人としてのマナーは面接でチェックされる

社会人としてのマナーは面接でチェックされます。ポイントはいくつかありますが、特に次の２点には注意が必要です。

第１に**入退室のマナー**です。よくあるダメな例としては、「入室前に『失礼します』と言わない」「ノックしないで入室する」「ドアを閉める際に手を添えない」「面接官の合図がないのに着席する」などがあるでしょう。

第２に**敬語の使い方**です。「自分のことを『僕』と言ってしまう」「面接官に対して『そのように申されますが』と言ってしまう」などがあります。ちなみに、民間企業在籍中の受験者が、自分の会社のことを「弊社」と言ってしまうことが多いのですが、取引先ではないので「当社」、もしくは「現職では」と表現したほうがよいでしょう。

そのほかにも、そもそも話し方が異様に早口だったり、足を大きく開くなど姿勢に問題があったりしても、やはり面接官は受験者に対して疑問を持ってしまいます。

このように、社会人としてのマナーができていないと、採用担当者は受験者を疑いの目で見てしまいます。そうすると合格はかなり難しくなってしまうでしょう。

Type 9

「住民対応の基本を理解している人」が欲しい

その人材を求める理由は

住民への接遇やクレームで、メンタル面に問題を抱える職員がいる。社会人・経験者なら基本的な住民対応はできるはず

欲しい人材

住民対応の基本を理解し、適切な接遇（窓口対応など）・クレーム対応ができる人

↓

公務員は住民に対して強制力を持つ点に注意

いらない人材

住民サービスを「お得意様サービス」と取り違えている人

クレーム対応のポイント

① 相手の話をさえぎらずに、まずはよく聞く
② 質問して、事実や経過などを整理する
③ 相手の訴え、クレームの内容を復唱して、確認する
④ 解決に向けて問題点を明確にして、共有する
⑤ 相手の立場になって、ともに解決策を考える
⑥長時間のクレームには一人でなく組織で対応する

適切な接遇・クレーム対応はできるか

社会人・経験者であれば、基本的な住民対応はできるはずと考えられています。住民対応でまず重要なのは、接遇とクレーム対応です。

接遇は、社会人マナーの一つです。窓口での対応をイメージするとわかりやすいと思いますが、具体的には所作、敬語の使い方などが挙げられます。

クレーム対応についても、社会人経験があれば、やはりある程度はできるものと判断されます。たとえば、**面接において「窓口で住民が長時間にわたりクレームをいい続けてきた場合、あなたはどのように対応しますか」のような事例問題で、その対応力をみよう**とします。

最近は、どこの自治体でも職員のクレーム対応力は必須となっています。住民と直接対応する窓口職場では当然のこと、学校で起こった問題を教員に相談せず直接教育委員会へ苦情を入れたり、事業者が許認可をめぐってクレームをつけてきたりすることも、今や当たり前です。

こうしたクレームに対応できず、メンタルヘルス不調に陥ったり、職場を長期間休んでしまったりする自治体職員も少なくありません。新卒の公務員の場合、社会人として経験が少ないことなどから、クレーム対応に弱い職員もいるのです。

このような背景もあり、社会人・経験者の職員には適切にクレームへの対応ができることが求められるのです。もちろん、民間企業に勤めていたとしても、それほど大きなクレームには遭遇しなかったかもしれません。しかし、自治体にこうしたクレーム対応力が求められていることを踏まえ、どのように面接官にアピールできるかを検証しておくことは、非常に重要です。

サービスだけでなく、強制力を持つことにも注意

社会人・経験者の中には、役所における住民対応と民間企業における顧客対応が同一のものだと思っている人がいますが、それは違います。いくら住民サービスとはいえ、特定の住民を特別扱いすることはありません。民間企業でのお得意様に対する特別サービスのようなものはないのです。

また、行政では、住民の意思に反して実施しなくてはいけないことがあります。たとえば、児童虐待があれば、保護者が抵抗しても子どもを引き離すことがあります。ごみ屋敷は居住者の意思に反して取り壊すということもあるわけです。**民間企業とは異なり、サービスだけではなく、公務員は住民に対して強制力を持つことがある**ので、そこは注意が必要です。

Type 10 「民間ならではの**効率性**を**活かせる人**」が欲しい

その人材を求める理由は

自治体は、民間企業の効率性を自治体に反映したい

欲しい人材

民間企業勤務で身につけた効率性やノウハウを自治体業務に活かせる人

↓

検証すべきアピールポイントは？

- 所属した組織としての取組み
- 個人としての取組み

いらない人材

- 効率性に興味のない人
- 「どこでもやっていること」と、経験の棚卸を怠る人

民間企業の効率性・ノウハウを自治体業務に活かしたい

自治体には、民間企業などとは異なり非効率な面があります。それは、公務員の業務においては、公平性や公正性が極めて重視されるため、やむを得ないところがあるのです。

しかしながら、自治体はやはり「民間企業の効率性を行政に反映させたい」と思っています。公務員の仕事は「お役所仕事」と揶揄（やゆ）されるように、効率性が常に課題となっているのです。このため、**社会人・経験者試験の受験者が持つノウハウなどを、自治体業務に活かしてほしい**と思っています。

新卒の職員だけの組織・職場ではどうしても前例踏襲の業務になりがちです。そうした職場では、なかなか新しい発想が生まれにくいのです。しかし、社会人・経験者の職員がそこに加わり、「前にいた会社では、こんなときには○○をやっていましたよ」の一言で、案外業務が効率化されることがあるのです。こうしたことを採用担当者は期待しているのです。

組織としての取組み、個人としての取組みを検証する

まだ自治体職員になっていない受験者にとっては、どのような工夫が効率性に結び付くのか、想像しにくいかもしれません。よい内容だと思って面接で披露したら、「そんなことは、すでに本市でもやっているよ」と言われてしまうかもしれません。

それでも効率性は社会人・経験者採用試験において重要なアピールポイントになります。何か使えるネタ（題材）はないか検証してみましょう。その具体的な視点は、次の２点があります。

具体的な視点	例
①所属した組織としての取組み	「以前勤務していた職場では、会議は原則30分以内のルールがあった」のように、組織のルールや文化を効率化した取組み
②個人としての取組み	「日々行う集計業務にエクセルのマクロを活用して、作業時間の縮減につなげた」「報告書の形式をフォーマット化した」など、個人的に行った内容

いずれの視点にしても、自分では案外気づかないものです。「こんなことはどこだってやっていることだ」と考えてしまうかもしれません。しかし、そうしたことが公務員にとっては、新鮮なこともあるのです。これまでの経験を棚卸しして、もう一度考えてみましょう。

Column 2

社会人・経験者なら知っておきたい
公務員のジョーシキ

キャッチフレーズ

自治体には、それぞれキャッチフレーズがあります。皆さんも聞いたことがあるかと思いますが、「みんなが幸せに暮らせるまち・○○市」のようなものです。これは、基本構想（p.○参照）などとともにつくられることが多いのですが、位置づけとしては「まちの将来像」であり「目指すべきまちの姿」と考えればよいでしょう（標語・合言葉を指すスローガンとは異なります）。

多くの自治体で先のようなフレーズが多いので、一般市民は「きれいごと」「無味乾燥」「もっとエッジの効いた、とがったフレーズならよいのに」のような感想を持つようです（……と聞いています。真偽は不明です）。

しかし、受験者としてはこのキャッチフレーズには注意が必要です。なぜなら、面接で「うちの市のキャッチフレーズを知っていますか」と聞かれることもあるからです。また、ある自治体では「○○市のキャッチフレーズを考えて、プレゼンテーションをする」のような試験も実際に行われました。

ちなみに、このキャッチフレーズは市長や職員が勝手に考えるのでなく、市民なども交えて作成することがほとんどです。このため、この作成過程や背景を知ることも有益です。

Chapter 2

社会人・経験者採用の
エントリーシート対策

受かるシート・ダメなシート

エントリーシートは受験者が提出する書類のひとつ。エントリーシートのほか、面接シート、アピールシート、自己紹介書など、受験機関によって名称は異なりますが、内容に大きな違いはありません。しかし、書き方次第であなたの評価を上げたり下げたりもする大変重要な存在なのです。

Entry 1

申込時の**シート記入**から すでに**試験**は**始まっている**

エントリーシートや面接シートとは

- 名称は、エントリーシート、面接シート、アピールシート、自己紹介書などさまざまだが、内容に大きな違いはない
- 学歴や職歴、志望理由、自己の長所などを記載するもので、自己アピールのために用いられる

配布・提出時期は異なる

- 申込時の提出書類は実施機関によって異なる。シートの配布や提出時期も違う

↓

申込時にシートを提出するケースでは、よく考えて記入しよう

シートは一次合格後に配付されることが多い

エントリーシート（ES）・面接シート（以下、シート）の配付時期は、自治体によって異なります。たとえば、申込時は住所・氏名等の最低限の内容を、自治体のホームページに入力するだけということがあります。この場合、一次試験（筆記試験）の合格者にのみシートが配付され、それをもとに二次試験（面接試験）が行われるのです。基本的にはこうした自治体が多いです。

申込時からシートを提出するケースもある

一方で、申込時からすでに試験が始まるケースもあります。たとえば、**一次試験が書類選考の場合です**。この場合、エントリーシートなどを提出して、それによって一次試験の合否が決まります。

また、書類選考がなくても、受験申込みの時点で面接シートなどの提出を求める自治体もあります。仮に一次試験の筆記試験が不合格であれば、当然、そのシートは活用されないのですが、それであっても申込みの際に、面接シート等を提出するわけです。

こうしたことがあるため、シート提出までに時間がないからといって、「ひとまず提出しておけばいいや」と、いい加減な内容で書いてしまうと面接で困ってしまうので、十分注意が必要です。

見方を変えれば、**シート提出時には、すでに面接対策ができていることが必要**なのです。「どのようにして自分を理解してもらうか」「エピソードとして何を話すか」などを踏まえ、採点官に「この受験者を採用したい」と思わせることが必要です。

なお、1点注意してほしいことがあります。民間企業向けの転職対策本などに、採用してほしいことをアピールするため、申込書提出に当たり会社に何度も問い合わせたり、直接会社に訪問したりして自分をアピールせよと勧めているものがあります。

しかし、公務員試験ではこうした行動はかえってマイナスです。公平・公正を重視する自治体は決められた方式で採点するので、イレギュラーなことは嫌がられてしまいます。もし、「自分はそれで採用された」などという人がいると住民からもクレームが来てしまうので、そうした行動はプラスにはなりません。反対に、そのように頻繁に通っていたら、顔を覚えられてブラックリストに登録されてしまうかもしれません。ご注意を。

Entry 2

シートは面接を想定して書こう

シート記入の鉄則は

シートは面接で必ず使用される。面接を想定してシートを記入する

具体的な方針は

- エピソードはすべて書かず、面接のために余韻を残しておく
- 再質問・再々質問を想定してシートを書く

エピソードは全部書かず、余韻を残そう

面接では、一般的にシートを活用します。通常、面接官はシートを面接前にチェックして面接に臨みます（チェックは面接直前ということもありますし、比較的時間に余裕があって、じっくりチェックする場合もあります）。

このため、シートを記入する際の前提として、「シートをどのように書けば、面接にとってより効果的か」を意識することが重要となります。この際の具体的なポイントを２点挙げておきましょう。

１つ目は、**エピソードなどの具体的内容をすべて書かず、面接官が質問できる内容を残しておく**ことです。たとえば、「これまでに最も実績を残せたと思うことを記入してください」であれば、エピソードも含めてすべてを事細かに記入するのでなく、大まかな概要だけを記載し、詳細については面接で質問されるようにするのです。

つまり、面接官に「この内容は、具体的にどういうこと？」「この点について、もう少し話を聞きたいな」と思わせるよう、シートに余韻を残しておくのです。シートに全部記入してしまうと、「この内容について質問しても、きっとここに書いてあることを答えるんだろうな」と面接官が質問を止めてしまうのです。これでは、せっかくの努力も水の泡です。

突っ込まれて答えられない内容はNG

２つ目は、**再質問・再々質問を想定してシートを書く**ことです。面接では、一つの質問を深く掘り下げていきます。たとえば、「あなたの長所は何ですか」が最初の問いであっても、その後に「長所が発揮できたと思うエピソードを教えてください」「なぜ、それを長所だと思うのですか」「それは、本当は短所ではないですか」と、質問を掘り下げていくのが一般的です。

このため、シート記入に当たっても、こうした再質問・再々質問を想定することが大事です。ですから、書いてあることについて厳しく突っ込まれて、答えに窮するような内容では困ります。受験者によっては、シートに書いてあることは立派なのですが、よくよく聞いてみると、中身がなかったり、受験者の勝手な思い込みだったりすることが少なくありません。

面接対策がうまい受験者は再質問・再々質問を想定して、きちんと答えを用意しています。そんな受験者を見ると「よく対策を練っているなあ」と感心させられます。ただし、こうしたとき、面接官もあえてシートの内容とまったく関係ないことを質問します。敵（?）もさる者です。

戦略を練って シートに向かおう

NGのシートとは

自分本位のシート。面接官を無視したシートはダメ！

GOODなシートとは

内容で「この受験者は魅力的だ！」と思わせる。自分の「アピールポイント」や「得意分野」に面接官を引き込むようなエピソードを記入する

↓

面接官の視点で考えよう

自分本位のシートは失格

シートは戦略的に書く必要があります。これは受験者の皆さんに覚えておいてほしいポイントの一つです。なぜなら、多くのシートを読んでいる面接官の立場からすると、単に**自分が書きたいこと、書けることを思いつくままに書いているシートがあまりにも多い**のです。

たとえば、記入するスペース（枠）が広いのに半分も書いていない、反対にスペース（枠）一杯に細かい字でびっしり書いてあって読みにくい、文字が殴り書きなど、**面接官を無視したシートは本当にたくさんある**のです。そうすると、面接官は「この受験者は自分のことしか考えないで、このシートを記入しているな」と判断してしまいます。

社会人・経験者採用試験のシートなのですから、受験者はやはり新卒との違いを、ここでも強調しておきたいところです。そのためには、面接官の視点で考えるとわかりやすいと思います。

面接官の視点に立とう

理想をいえば、受験者をまったく知らない面接官がシートを一読したとき、「この受験者は魅力的だ」「この人の話を聞いてみたい」と思わせる内容が必要です。それが効果的なシートです。シートが書類選考になっている自治体であれば、採点官がそのように考えなかったら、そこで不合格になってしまいます。そのため、シートの各項目についてどのような記述が望ましいのか、十分検討する必要があります。

具体的には、**自分の「アピールポイント」や「得意分野」に面接官を引き込むようにシートを記入する**ことです。Chapter 1で、社会人・経験者採用試験受験者のアピールポイントを説明しましたが、そうしたポイントを参考にして、「何を書いたら、自分を効果的にアピールできるのか」を検討してください。

その際に注意してほしいのはエピソードの内容です。「あなたがこれまで成し遂げてきたこと」でも「あなたの長所」であっても、何か具体的なエピソードが必ずあるはずです。これは必ず面接で聞かれます。

たとえば、面接で「あなたの長所は何ですか」と聞かれ、「自ら課題を発見し、解決できる力です」と答えれば、必ずその後に経験談を述べることになります。この**エピソードの内容が具体的で説得力のある内容でないと、面接で高得点は期待できません**。「長所は○○です。でも特にエピソードはありません」では、面接官も「おい、おい……」と困ってしまいます。

Entry 4

積極的な転職理由を書こう

面接官が問いたいのは

「なぜ転職したいのか」「現職の退職理由は何か」
「公務員となって何をしたいのか」

なぜなら

「ただ楽をしたい」受験者を採用してはいけないと面接官は考えている

↓

だから転職する積極的理由を書く

- 民間企業にいる自分を否定せず、大事な経験だったと位置づける
- キャリアアップのための転身

中小企業の支援のために
公務員になる！
ニャー

社会人・経験者受験者の転職理由は最重要項目

転職理由は、受験者にとって最重要項目といってよいでしょう。なぜなら、**社会人・経験者ですから、「なぜ転職したいのか」「現職の退職理由は何か」「公務員となって何をしたいのか」と、どの面接官でも疑問に思う**からです。新卒受験者にとっても志望動機は重要ですが、転職ではありませんので、社会人・経験者ほどに厳しくチェックされることはありません。いい換えれば、それだけ社会人・経験者の転職理由・志望動機は厳しい目で見られます。

Chapter 1でも説明しましたが、面接官は「今の仕事は大変、だから楽な公務員になろう」と思っている「ただ楽をしたい」受験者を採用してはいけないと強く思っています。このため、さまざまな視点から志望動機を検証しようとするのです。

積極的な転職理由を書く

では、具体的に志望動機をどのようにチェックしているのでしょうか。その一つは転職理由の妥当性です。たとえば、

金融機関で中小企業に対する融資業務に従事してきたが、どうしても救うことが困難な企業があった。こうした企業を再生させるためには、一企業で行えることには限界があり、行政の支援が重要であることを強く認識した。このため、公務員に転職して、中小企業の振興に貢献したい

などです。

このように書くと、転職理由は「企業が嫌になった」のような消極的なものではありません。「金融機関から自治体へのキャリアアップ」という積極的な転身とみることができます。また、一企業ではカバーできない部分、よりきめ細かい範囲まで中小企業をサポートしたいという受験者の奥深さを感じ取ることもできます。こうなると、**民間企業にいる自分を否定したわけではなく、反対にそのことは大事な経験の一つだったと位置づけられる**ことになります。**積極的な転職理由となる**のです。

ただし、この場合でも「それならば、自治体ではなく、公的金融機関に転職したほうがよいのでは」と厳しく追及されることもあるでしょう。

社会人・経験者の受験者の９割は、志望動機がきちんと書けていません。新卒受験者と同様に、ただ「安全安心のまちづくりに興味があり、防災対策に従事したい」と、前職との関係が不明確なことがほとんどです。志望動機をきちんと書くことで、他の受験者から一歩抜きんでることができるのです。

「志望理由」「従事したい業務」を明確にしよう

志望理由として

- 「なぜ都道府県（または市区町村）なのか」を明確に書く
- 「なぜその自治体を志望するのか」の理由を明確に書く

従事したい業務は

- 「やってみたい仕事」の内容は細かすぎず、広すぎずがベター
- 都道府県と市区町村は取り扱う業務が異なる点に注意

なぜその自治体を志望するのか

転職理由と同様に重要なポイントとして、「なぜその自治体を志望するのか」という志望理由があります。

自治体の面接官であれば、一般的に次のように考えます。

① なぜ公務員を志望するのか（民間からわざわざ転職する理由は何か）
② なぜ地方公務員（または国家公務員）なのか
③（地方公務員志望ならば）なぜ都道府県（または市区町村）なのか
④ なぜ他の都道府県（または市区町村）ではなく、うちの自治体なのか

②や③については、やはり「従事したい業務」が大きく関係します。都道府県（広域自治体）と市区町村（基礎自治体）では担当する業務が異なります。たとえば教育分野であれば、広域自治体では高等学校がメインですが、基礎自治体では小中学校となります。

④であれば、自治体の魅力を受験者に熱く語ってもらいたいところです。その自治体の「名所旧跡、歴史、自然、文化」「市政の特徴」「住みやすさ・暮らしやすさ」などに着目するとわかりやすいでしょう。**「〇〇市のここが好き！」と熱く語る受験者を嫌がる面接官はいません。**

「従事したい業務」は細かく書きすぎない

「従事したい業務」の内容をどのように書くのかはとても重要です。**社会人・経験者にありがちなミスは、細かく書きすぎてしまうこと**です。

食品メーカーに勤務している社会人が、フードロス問題に強い関心を抱き、公務員への転職を決心したとします。このため、「生産の過程でできてしまう農産物の規格外品を、市民が気軽に買えるようにしたい」と思い、それを「従事したい業務」の欄に書いたとします。果たしてこの内容は細かすぎるでしょうか。

たとえば、「従事したい業務」は「農業の活性化」として、その一例として「規格外品の販売促進」を挙げるならば理解できます。しかし、「規格外品の販売促進」だけをやりたいというのは、疑問が残ります。

反対に、「農業の活性化に貢献したい」のような広すぎる内容も困ります。これでは具体的な内容がよくわかりません。「農産物の規格外品の販売促進、若者の就農、農地バンクの活用促進など、農業の活性化に貢献したい」のような具体的内容の例示を加えたり、前職との関係を説明したりするとわかりやすくなります。

Entry 6

公務員としての適格性を疑わせることは書かない

適格性に疑問が生じるケース①

自分の優秀さ、熱意・一生懸命さをアピールするあまり

↓

「目的のために手段を選ばない人」なのでは？
公務員としての資質に疑問

適格性に疑問が生じるケース②

まじめさや堅実さアピールするあまり

↓

周囲の人間とのコミュニケーションが感じられず、
「職場から孤立した人」なのかも？　組織人としての行動に疑問

公務員と民間企業では評価のポイントが違う

シートに書いてあることが、公務員としての適格性を疑われる内容であっては当然困ります。「そんなことあるの？」と思われるかもしれませんが、実際にあります。それは次のようなものです。

１つ目は、**自分の優秀さをアピールするために、公務員としての資質に疑問を感じさせてしまうケース**です。たとえば、「どうしても獲得したい契約があり、相手の会社の担当者と交渉したが、うまくいきませんでした。そこで、その上司の自宅まで出向き、朝夕に何度なく契約をお願いしたところ、最後には何とか契約が取れました」というようなものです。これは、自分の熱意をアピールするつもりで答えたのかもしれませんが、「目的のために手段を選ばない人」と判断される可能性もあります。

民間企業の面接であれば、「ガッツがあるな」と高評価になるかもしれませんが、公平性・公正性を重んじる公務員としては、疑問に感じてしまいます。特に、面接官になるベテラン職員は高齢の職員も多いので、マイナスの評価になるおそれもあります。

「まじめだから公務員に向いている」は安直すぎる

２つ目は、**まじめさや堅実さアピールするあまり、組織人としての行動に疑問を覚えてしまうケース**です。たとえば、「職場では、周囲の人からまじめで堅実な人という評価を受けていました。書類の間違いやミスなどをいち早く見つけました。そのため、周囲の職員の業務とは異なり、書類のチェック役に徹していました」などの内容は、「確かに性格はまじめなのかもしれないけれど、単に職場で孤立してしまい、そうした仕事だけを割り振られただけではないか」と感じさせてしまいます。そうなると、組織人として、この受験者は本当にやっていけるのだろうかと疑問が残ってしまいます。

こうしたアピールをする受験者は、「公務員は公正さが重要だから、その点をアピールしておけばよい」と安直に考えていることがあります。「自分はまじめ。だから、公務員向き」という発想は、あまりに単純すぎます。

さらにいうならば、まじめさ・堅実さをアピールされても、それは新卒の公務員にもたくさんいるので、社会人・経験者採用試験では、アピールポイントにならないのです。

社会人・経験者採用試験を実施する意味は、新卒公務員にない部分を求めている点にあるのです。

Entry 7

職務経験を具体的・客観的に書こう

新卒受験者との差別化を図る

社会人・経験者試験のシートの内容が新卒受験者と同じなら、社会人・経験者を採用する意味がない

だから社会人・経験者試験のシートは

① 経験した職務について書く
② 具体的な内容を示す
③ 客観性に注意する

経験した職務に関する内容を中心に書こう

社会人・経験者試験の受験者であれば、シートの内容にも新卒受験者とは異なる内容が求められます。

容易に想像できるように、新卒受験者のシートの内容と同じであれば、社会人・経験者を採用する意味がなくなってしまいます。このため、シートには経験した職務に関する内容を中心に書きます。

もちろん**質問によっては、経験した職務に関連するものがなく、学生時代のことを書かざるを得ないこともある**かと思います。質問が「学生時代に経験したこと」という条件付きのこともあります。こうした場合には、大学時代のことを書いても構いません。ただし、高校時代などの古い内容は極力避けたほうがよいでしょう（高校時代以前の内容について記述する場合は、かなり特異な内容に限定したほうが無難です）。

具体性と客観性に留意しよう

新卒受験者との差別化を図るという意味では、具体性と客観性にも注意が必要です。

具体性とは	**面接官がシートを読んだ際に、具体的にその内容がイメージできること**

たとえば、「組織やグループで取り組んだこと」であれば、新卒受験者は「サークルの代表として、メンバーの意見を積極的に聞くようにした」などの抽象的な内容で済ませてしまうことが少なくありません。しかし、社会人・経験者受験者であれば「現職では毎日朝会を行い、各人の進捗状況を確認して、情報の共有化を図った」など、面接官が実際にイメージできるような、より具体的な内容まで示したいところです。

客観性とは	**シートの内容が、自己の評価や認識だけでなく、数字などの具体的な裏づけや第三者の評価があること**

たとえば、「力を入れたこと」で新卒受験者が「アルバイトで明るい接遇を心掛けた結果、客数も増えて売上げに貢献できました」と書くことがあります。これに対して、社会人・経験者であれば「前年同月比で客数10％増、売上15％増となりました」などと具体的な数値を示したいところです。ほかにも、「社長賞を受賞した」などの実績、取得資格の名称の記載などがあります。客観性を示すのが難しい場合は、「同僚から『君がいてくれて助かった』と言ってもらいました」のようなコメントでもよいでしょう。

Entry 8

アピールポイントには理由を添えよう

それは本当にアピールポイントか

受験者がアピールポイントと思っていても、採用者側にはそれが理解されないことがある

アピールポイントの証明方法は

- 客観的な評価や事実を示す
- 上司や他人の評価を添える

↓

説得力が断然増す

受験者にはアピールポイントを証明する義務がある

シートに書くアピールポイントは非常に重要です。受験者からすれば、それが「売り」であり「セールスポイント」だからです。しかし、それが本当にアピールポイントになっているのか、必ず客観的に検証してください。なぜなら、受験者本人が「これが、自分のアピールポイントだ！」と思っていても、面接官からすれば「えっ、それが誇れる内容なの？」と疑問に思ってしまうことが結構あるからです。

受験者がアピールポイントだと考えて記入した内容が、客観的に見て本当に立派なことなのかは、基本的に読み手にはわかりません。「社長賞を取った」「実績が認められて、事業所から本部へ異動した」など公にわかるものであれば証明になります。

しかし、多くの受験者のアピールポイントは、そのように誰の目にも明らかな内容であることはあまりありません。このため面接官は「課題解決力があるというけど、なぜそう断言できるの？」などと、受験者を疑ってしまうのです。まさに「口では何とでも言える」のです。だから面接官は理由や証拠が示されないと、「そういうけれど……」と簡単に信じないのです。受験者はどうしても面接官を納得させることが必要となります。

アピールポイントの証明方法は

では、実際にどのようにアピールポイントを証明すればよいでしょうか。

１つ目は、**客観的な評価や事実**です。「社長賞を取った」「本部へ異動となった」など、何かしらの客観的な評価や事実があると説得力は高まります。その内容は、必ずしも世間一般には知られていなくても構いません。

たとえば、「あなたが、これまでの職務経験の中で誇れること」を記入する場合、単に「係で目標額を達成した」よりも「係で目標額を達成し、チーム賞をもらうことができた」と書くほうが説得力は高まります。

２つ目は、**上司や他人の評価**です。社会人・経験者であれば、人事評価などに関連させて「自分には提案力があり、業務改善が認められて昇給した」などを記載してもよいでしょう。そうしたものがなければ、「業務を効率化し、同僚から『作業が楽になった』とほめられた」というコメントを加えるという方法も考えられます。

シートにうそを書いてはいけませんが、こうした記述があるだけで、単なる自己主張よりも説得力が増します。

分量は「多すぎず、少なすぎず」がよい

シートの種類

- 原稿用紙のようにマス目があり、字数が指定されている
- 大きな四角の枠だけが決められている
- 罫線がある

指定分量の8割は書く

- 分量が少ないと、受験者の真剣さが疑われる
- 自分で別紙、枠、罫線を追加してはダメ

シートの様式は自治体によって異なる

シートの様式は自治体によって異なりますが、いくつかの種類に分けることができます。具体的には、

① 原稿用紙のように1マス1マスが決められ、「600字程度」などと指定されている
② 大きな四角の枠だけが決められている
③ 罫線があるもの

などに区分されます。

①であれば、できるだけ上限ぎりぎりの文字数で書くことが必要です。最低でも8割程度書かないと、自治体が求める内容に十分に応えたとはいえません。反対に、指定された文字数が600字なのに、指定文字数を大幅に超えたり、勝手に別紙を追加したりするのはルール違反です。1、2文字であれば理解できますが、それ以上は受験者の姿勢が疑われてしまいます。

指定された分量の8割は書こう

②と③についても、その**指定された分量（枠や大きさ）の8割程度が書かれていることが必要**です。これは、皆さんがシートを受け取る立場になれば理解できるかと思います。四角で指定された枠の半分しか文字が書かれていないシートを見れば、「この受験者は真剣に受験しようという気持ちがあるのだろうか」と考えてしまうものです。

指定された枠や罫線で書き終わらずに、自分で枠や罫線を追加するのはNGです。公務員試験では公平性・公正性を確保する観点から、勝手に書式を変更するのは厳禁ですので注意してください。自治体によっては「別紙（別シート・別ファイル）の添付等は認めない」とわざわざ明記していることもあります。

最近では、シートのデータファイルを受験者自身がホームページからダウンロードして、入力することも多くなりました。この際、エントリーシートのファイルに「行・列の挿入や高さ・幅の調整は行わないこと」と明記されていることがあります。これは印刷したときに、受験者の回答枠を同じ大きさにそろえるためです。「余白があるから、回答部分のセルを大きくしよう」と高さを変更すると、受験者から提出されたエントリーシートがバラバラになってしまうのです。これでは受験者へのルールが統一されません。皆さんからすれば「公務員らしいなあ」と思うかもしれませんが、やはりルールを守って入力しましょう。

Entry 10

人物像が読み取れるシートをめざそう

シートを書き終えたら

シート全体で人物像が読み取れる内容になっているかチェック！
全体を見渡すと問題点が見つかることがある

エピソードに矛盾はないか

付随するエピソードの内容が微妙にずれていたり、
事実関係が異なっていたりする

人物像に統一性はあるか

シート全体を読むと内容がバラバラで、受験者の人物像に不安を感じる

シート全体を見渡して矛盾はないか

シート全体で人物像が読み取れる内容になっているかは重要です。たとえば、自分のアピールポイントを十分に踏まえ、再質問や再々質問も十分に考えて、シートの各項目を記入したとします。そのうえで、そうした内容になっているかを次の２点でチェックしてください。

チェック①	例
シート全体で矛盾はないか	ある質問では「前職で社内表彰された」と書いてあるのに、他の質問項目では「これまで社内で活躍したことはまったくなかった」ような記述がある

著しい矛盾はなくても、それに付随するエピソードの内容が微妙にずれていたり、事実関係が少し異なっていたりすることは結構あるのです（面接官は公務員なのでミスを見つけるのは得意です！）。

面接官は受験者の話を聞きながら、前職の様子などを想像して面接を進めます。しかし、面接が長くなるにつれ、話に矛盾が出てくることがまれにあるのです（受験者が話を作り込んでいるときは、特に）。実際の話を脚色したり、誇張したりするとこのような矛盾が出やすいので、要注意です。

シート全体から人物像を想像できるか

チェック②	例
人物像に統一性はあるか	ある質問では「周囲の人間を引っ張ってリーダーシップを発揮した様子」が描かれ、別の質問では「周囲の人間と溶け込むことができず、孤立している状況」が述べられている

シートに統一性を欠くと、面接官としては心配になってしまうのです。受験者の話をじっくり聞けば、「なるほど、そういうことか」と理解できるのでしょうが、シートを読んだだけでは人物像が描き出せないのです。これでは採用者側が不安に感じてしまいます。

「シートだけで受験者の人柄がわかるようにすべき」とまではいいませんが、「この人、本当はどういう性格なんだろう」と読み手を不安に陥れることがないようにしてください。

面接官が不安になればそれだけ身構えて面接されます。その場合、受験者に損はあっても得はないのですから。

Topic

実際に使用された**エントリーシート**と**よい**記入例／**残念**な記入例

エントリーシートの書式や内容は具体的にどのようなものでしょう。ここでは、実際に社会人・経験者試験で使用されたエントリーシートの項目と、「よい記入例」「残念な記入例」を紹介します。

どんな書き方やエピソードが採点官や面接官を納得させるのか、逆に、物足りなく思わせたり不満を抱かせたりするのか――。自分が受験者ならどう書くか、自分が採点官や面接官の立場だったらどう感じるのか、シミュレーションしてみると効果的でしょう。

東京都：エントリーシート　よい例

1　志望理由（あなたが東京都で働きたいと思った理由は何ですか）

今後の日本をけん引していくのは、東京都だと考えたからです。少子高齢化によってますます人口減少が加速する中で、何も対応しなければ日本の国際競争力は弱まってしまうことに危機を感じています。現在、銀行に勤務しており、金融業界においてもそうした兆候が見られますが、企業としてできることには限界があります。今後、日本の活力を高めるには、先進的な取組みを行い、国や他自治体をリードする東京都の役割が非常に大きいと考え、志望いたします。

2　都政で活かせる経験（あなたがこれまで成果を挙げた経験の中から都政において活かせると考えるものは何ですか。また、それをどのように都政に活かしたいと考えていますか）

２点あります。1点目は、金融に関する知識・経験です。これは、東京都の持つ基金などの運用のほか、起業や中小企業に対する支援に活用することができます。2点目は、業務改善力です。現職で、業務改善を提案するプレゼン大会に参加し、優秀賞を獲得したことがあります。この経験を都庁でも活かしていきたいと考えております。

3　部下や後輩の指導等に関する経験（あなたが部下や後輩を指導・育成するうえで苦労した点や工夫した点は何ですか）

２年前に新入社員の指導役になったことがあります。その社員がおとなしいこともあり、コミュニケーションをとることに当初は苦労しました。しかし、できるだけ積極的に話しかけることと、定期的に話し合う時間を持つことで、円滑な関係を構築することができました。この経験から、相手の視点で考えることの重要さを学びました。

4　利害関係者との調整に関する経験（あなたが社内の他のセクション、取引先、顧客との調整で苦労した点や工夫した点は何ですか）

現職で、他部署の社員を含むメンバーでマニュアル作成に取り組んだことがあります。個人ローンや審査部などさまざまな部署で構成されたチームだったため、マニュアル内容に関する意見が異なり、意見集約が困難でした。このため、できるだけ話し合う時間を設け、少しでも合意できる部分を積み上げていくことを提案しました。最終的には、全員が納得するマニュアルを完成させることができました。

5　自己PR

私の強みは、困難なことがあっても最後までやり遂げる力です。プレゼン大会、後輩指導、マニュアル作成では、いろいろと困難なこともありましたが、途中であきらめることなく完遂することができました。正直にいえば、「もうダメかもしれない」と思うことがありましたが、「もう少しだけ頑張ってみよう」と取り組み続け、それが自分の強みになりました。都庁でも多くの困難な業務があると思いますが、都民のため全力を尽くす所存です。

総合評価

よく書けています。現職での経験について述べているので、非常に説得力のある内容になっています。実際の面接では、志望理由にある東京都の「先進的な取組みとは何か」などについて質問され、受験先である東京都への認識が問われますので、その準備をしておくことが求められます。

奈良県：自己PRシート　よい例

1　職務経験を通じこれまでに果たした役割・業績等

前職では、小売業で接客や商品管理を担当していました。お客様への商品の提案、会計、商品の陳列、発注、在庫管理などを行っていました。

こうした質問項目とは別に、職務経験を記入する欄があり、勤務先、在籍期間、所在地などを記入するのが一般的です。このため、この欄では上記のような内容で構いません。ただし、言及できるのであれば「業績」についても説明したいところです。

2　あなたが職務経験を通じてやりがいを感じたこと

お客様が要望している商品を的確に提案できたことです。お客様の中には、具体的な商品ではなく、ご自身のイメージだけを述べる方が多くいます。このため、さまざまな質問をしてイメージを明確化し、提案することに注力していました。「こんな商品が欲しかった」と言われたときは、やりがいを感じました。

3　自己PR（自己の能力を県政にどのように生かすことができるか）

私の強みは、他者とコミュニケーションを円滑に行い、人間関係を構築できることです。前職での顧客対応はもちろんのこと、周囲・関連部署の社員とも良好な関係を構築し、売上アップに貢献することができました。このように、他者と連携できる強みを活かし、県民、事業者、市町村とも協働したまちづくりを行っていきたいと考えています。

4　志望動機

卒業した中学校が統廃合されたことをきっかけに、人口減少や地域コミュニティの崩壊に危機意識を持ったからです。帰郷するたびに、自分の生まれ育ったまちの活気が失われていくことにショックを覚え、まちに恩返しがしたいという気持ちが強くなりました。しかし、全国的な人口減少の中、一つの市で対応することには限りがあり、広域的な視点からまちづくりを行う必要性を感じたため、奈良県庁を志望いたします。

5　携わりたい業務とその理由

携わりたい業務は観光です。人口減少が不可避の中、まちを活気づけるためには観光が重要と考えるからです。修学旅行先で有名な奈良県ですが、まだまだ知られていないスポットは数多くあり、さらに観光客が増える可能性があると思います。県ではホテル誘致や自転車の周遊環境整備などさまざまなことを行っていますが、特に海外向けのプロモーションの強化に従事したいと考えております。

総合評価

よく書けています。志望動機や携わりたい業務も明確です。特に、志望動機は自分の実体験がきっかけになっていますので、非常に説得力のある内容となっています。なお、当日の面接では、「海外向けのプロモーションの強化に従事したい」とありますので、その具体的理由や、そのために何ができるのかを質問される可能性があります。

島根県：自己紹介書 よい例

1　志望の動機

自分が生まれ育った島根県と県民のために働きたいと考え、志望しました。大学入学と同時に上京、そのまま東京で就職しました。しかし、地方の衰退に関するニュースを毎日のように目にするたびに、生まれ育った島根県に恩返しをしたいという思いが強くなりました。また、これまでに不動産業で培ったまちづくりに関する知識・経験を、行政の立場から活かしていきたいと考え、今回受験を決意しました。

2　クラブ活動、スポーツ、文化活動、ボランティア活動、資格等

クラブ：剣道部（中・高）、テニスサークル（大学）
スポーツ：自宅での筋トレ
資格：実用英語技能検定２級
趣味：旅行（特に温泉めぐり）

3　最近関心をもったことがら（箇条書き）

・空き家問題
・生成 AI の活用
・「しまね和牛」認知度向上の取組み

4　自己 PR

私の強みは計画的に物事に取り組めることです。新型コロナウイルス感染症の影響により、急遽リモートワークの環境を整備することが求められました。そこで、まず上司と相談し、指示を得ながら現状把握を行い、やるべきことをリスト化すると同時に、処理すべき業務別のスケジュールを作成しました。また、進捗状況を管理するリストを作成し、関係部署と共有し「見える化」を実現しました。このように、計画的に物事に取り組んだ結果、予定よりも早く、作業を終えることができました。この経験から、困難な課題に対しても、計画的に物事に取り組むことの重要性を学びました。県職員としても、この経験を活かし、県民や県に貢献していきます。

総合評価

この書式は、社会人や経験者に特化した内容がありません。新卒の試験の書式といってもよいくらいです。しかし、だからといって「志望の動機」や「自己 PR」の内容が、新卒と同じ内容でよいというわけではありません。この例では、意識的に職務経験などを盛り込んでいて、社会人・経験者としての強みをアピールすることに成功しています。

茨城県：職務経歴書　残念な例

1　これまでの職務経験の中で、あなたが最も実績・成果を挙げた又は実力を発揮したと考えるものを一つ選び、詳しく教えてください。（例：どのような課題がありどう解決したか、どのように業務を進めたか、など）

業務改善を行ったことです。現職において、かつて子会社との契約が未締結のまま業務が進行していたことがありました。そのことが問題となったため、契約状況が共有ファイルで確認できるように提案しました。

「提案した」で終わっているため、その後の状況がわかりません。これでは、本当に成果が挙がったのかがわからず、アピールとしては弱くなってしまいます。具体的に成果を説明することが必要です。

2　茨城県職員を志望する理由を教えてください。

茨城県の観光資源を活かし、より多くの人を集めたいと思い志望しました。私は現職への就職を機に上京しました。しかし、そこで、地元である茨城県にはさまざまな観光名所や特産品があるのにもかかわらず、周囲の人の関心が低いことに気づきました。茨城県は東京圏に近接していながら自然の豊かさを持つという長所があり、より観光業を活性化させられる大きなポテンシャルを持つ地域だと考えています。

「なぜ転職をするのか」という理由がわかりません。このような新卒と同様の志望理由では、面接官は面接当日に転職理由を確認しなければなりません。これでは、二度手間です。社会人・経験者は、必ず転職理由を明確にする必要があります。

3　これまでの職務経験を通じて培った知識・能力等を本県業務にどう活かせるかを教えてください。

現職における経理業務の知識・経験を、県庁での会計業務に活かしたいと考えています。

企業会計と官庁会計は異なります。企業会計の知識をそのまますぐに官庁会計に活用できるとは限りません。このため、具体的にどのように活用できるのかを説明する必要があります。

4　最近関心を持っていることを教えてください。

食品ロス問題です。小売業や外食産業など消費者に近い事業者に対して、食品を手前から買ってもらうことや、食べ残しを減らす呼びかけを行ってもらうなど、消費者の意識を変えていく取組みを推進していくことが重要だと思います。

なぜ食品ロス問題に興味があるのかが不明確です。面接官としては、関心がある理由を確認することによって、受験者の人物像を知りたいのです。これでは、効果的なアピールにつながりません。

5　上記以外でPRしたい内容があれば教えてください。（自由記述）

特にありません。

「特にありません」では、やる気を疑われてしまいます。「志望理由」など、これまでの質問への回答とは異なる内容で、アピールしたいところです。具体的には、「やってみたい業務」について説明するのもよいでしょう。または、受験者が考える「茨城県の魅力」について説明し、「県民のために全力を尽くす所存です」と決意表明を書いてもよいでしょう。

佐賀県：エントリーカード　残念な例

1　佐賀県職員を志望した動機・理由と転職理由

生まれ故郷の佐賀県で働くことが、以前からの夢でした。大学時代に受験したのですが、不合格になってしまったために、改めて受験することにしました。

以前から県庁職員になりたかったというのは理解できますが、なぜ、今回改めて受験するのかという点がわかりません。これでは面接官も納得できません。

2　これまでの職務経験等で得た能力・知識等及び得意とする分野・業務

大学卒業後、コンビニでのアルバイトを続けています。このため、接客には慣れています。高齢者の中には機械操作が苦手な方もおり、そうしたときはお手伝いもしています。また、荷物が多くて大変なときには、自宅まで荷物運びを手伝うこともあります。このように相手の立場になって考えることができます。

「自宅まで荷物運びを手伝う」とありますが、これは職場を放り出して対応しているようにも読めてしまいます。店長の許可などを得ているならば、そうしたことをきちんと説明することが必要です。

3　自分の性格

明るくて誰とでもすぐに仲よくなることが長所だと思っています。短所は、自分のミスや失敗を後悔して、何日も思い悩んでしまうことです。

「何日も思い悩んでしまうこと」とあると、県庁職員となった際にも、ミスや失敗を引きずって仕事に影響を与えてしまうのではと面接官は考えてしまいます。そうすると、積極的に採用しようとは考えなくなってしまうので、注意が必要です。

4　本県で希望する職務分野（本県職員としてやりたい仕事）

人と接することが好きなので、県民からの相談に対応する業務を希望します。

内容が抽象的です。もう少し具体的に行政分野（福祉、防災、環境など）を記述する必要があります。また、「人と接することが好き」ならば、住民に近い市区町村（基礎自治体）のほうがよいのではと、面接官は考えてしまいます。

5　関心がある本県の主要事業について

・観光事業
・広報事業

内容が抽象的で、簡潔すぎます。たとえば、観光事業であれば、観光のどのような点に関心があるのかを説明することが必要です。そうした記述がないと、きちんと勉強していないのかなと思われてしまいます。

6　自己PR（自分のセールスポイント）

アルバイトのコンビニで、機械操作が苦手な高齢者の手伝いを行ったり、荷物運びを手伝ったりと、相手の立場になって考えることができます。また、明るくて誰とでもすぐに仲よくなれますので、周囲の方たちとも連携して仕事をすることができます。

「2　これまでの職務経験等で得た能力・知識等及び得意とする分野・業務」や「3　自分の性格」などで書かれたことを繰り返しており、効果的なアピールになっていません。せっかく複数の質問項目があるのに、これでは戦略的なシートとはいえません。

岡山市：受験申込書　残念な例

1　直近5年間における受験に必要な職務経験のうち、あなたが最も専門性を発揮した経験（知識、技術、能力等を含む。）について具体的に記入してください。

プロジェクトにかかる資料作成です。あるプロジェクトを関連部署や子会社などの関係者に提案することとなり、資料作成を担当することとなりました。限られた時間の中で、多くの資料を作成する必要がありました。関係者に提示する前に、上司のチェックを受ける必要があったのですが、「わかりにくい」と指摘されました。その後、いろいろと修正した結果、上司だけでなく関係者からにも「わかりやすい」と評価をいただきました。

資料作成に当たり、どのように工夫や改善を行ったのかが、よくわかりません。これでは、面接官を納得させることは困難です。また、提案内容が最終的に採択されたのか否かについても言及しておきたいところです。

2　1にあげた経験を岡山市での職務にどのように活かしていきたいですか。

相手の目線に立ったわかりやすい資料の作成と説明です。何か人に説明する際には、これまでの職務経験を活かせると考えます。

内容が簡潔すぎます。たとえば、「市職員として、庁内での会議はもちろんのこと、住民説明会や事業者に対する事業説明など、資料の作成と説明をする機会があると思います」などのように具体的な場面を記述すれば、面接官にもわかりやすいでしょう。

3　岡山市に転職（就職）しようと思った理由について記入してください。

市を変革したいと考えるからです。残念ながら、公務員の不祥事が連日報道されています。また、自治体は前例踏襲ばかりで新しい事業や改善をする姿勢に欠けています。民間企業にいる自分から見ると、非効率な面が多いと思わざるを得ません。こうした状況を変えたいと思い志望しました。

これでは単に行政批判、公務員批判になってしまいます。文字どおり読めば、「非効率な自治体や不正な公務員を正すために、私が市を変革する」となります。これでは、採用する自治体も「何様のつもりだ」と考えてしまうでしょう。

4　部下や後輩に対する指導、育成方法で苦労した点や工夫した点はありますか。

それぞれの個性に応じて指導することです。後輩にもいろいろな人がいて、いわゆる一を聞いて十を知るタイプの人間もいれば、一つ一つ教えないとなかなか理解できない人間もいます。このため、まずは人の個性を見極める重要さを認識しました。

最後に「人の個性を見極める重要さを認識」とありますが、指導に当たり具体的にどのような工夫をしたのか（相手に応じて話し方を変えたなど）を述べることが必要です。

5　集団の中でリーダーシップを発揮して取り組んだことにより成果をあげた経験について具体的に記入してください。

中学校のクラブ活動（卓球部）のリーダーとして、部をまとめました。なるべくメンバーの意見を聞くことを心掛け、自分の意見よりも大勢の意見にまとまるように工夫しました。この結果、あまり部内でもめることもなく、和気あいあいとしたチームづくりを行うことができました。

この内容では、リーダーシップを発揮したとは言い難い面があります。「自分の意見よりも大勢の意見にまとまるように工夫」では、単に多数派に従うだけのように見えてしまいます。また、中学校のエピソードは内容として古すぎます。社会人・経験者であれば、やはり職務経験について触れたいところです。

社会人・経験者なら知っておきたい
公務員のジョーシキ

国・都道府県・市町村の違い

面接では、志望理由や併願先について質問されます。「基礎自治体（市町村）だけを志望しているようだけど、その理由は？」や、「なぜ○○市でなく、△△県を志望するの？」と、基礎自治体と比較して広域自治体（都道府県）の志望理由を尋ねられることもあるでしょう。

このため、国・都道府県・市町村の違いについて理解しておくことは必須です。教科書的な説明をすれば、国は国家としての存立にかかわる事務、全国的に統一して定めることが望ましい業務を行うとされています。地方自治体は、住民の福祉の増進を図ることを基本として、地域における行政を自主的かつ総合的に実施する役割を広く担うとされています（地方自治法１条の 2）。

この点について、志望動機と関連づけて考えてみましょう。

まず、国は「法案作りや国全体にかかる制度の構築にかかわっていきたい」と答えるのが一般的でしょう。もちろん、国の専管事項である外交や防衛は、国家公務員でなければできません。

都道府県であれば、「県内の市町村を支援することにより、県民全体の福祉向上にかかわりたい」や、都道府県が中心に行う業務（たとえば、労働、病院、高校など）に従事したいなどが考えられます。市町村であれば、「住民と直に接する仕事がしたい」が鉄板です。

Chapter 3

社会人・経験者採用の実際

面接官の実態と評価の実際

面接官は何者か、面接ではどこに注目しているのか、面接官が置かれた状況はどのようなものか。受験者なら誰しも気になることでしょう。受験者が面接官の素性や考え方を知らなければ疑心暗鬼になり、不安を感じてしまうのは当然です。しかし、「面接官の実態」を知ればきっと安心して試験に臨めるはずです。

働かない職員、トラブルメーカーはお断り

面接官の正体は

ほとんどが自治体の職員

面接官が厳しいのは

- 職員の採用は高い買い物（職員１人の生涯賃金は 2.5 億円）
- 働かない職員や他人とすぐにトラブルを起こすような人を採用してしまったら、組織にマイナス、採用担当職員や面接官役の職員の責任問題

↓

採用は慎重、受験者に対する目も厳しい

職員1人の採用は2.5億円の買い物に等しい

面接官は、当該自治体の職員であることがほとんどです。つまり、自分が所属する自治体の後輩を採用する事務に従事しているわけです。しかし、この事務は非常に重大です。なぜなら、職員1人を採用するということは、2.5億円の買い物をするに等しいからです。

2.5億円は職員1人当たりの生涯賃金です。つまり、入庁して定年退職するまで、その自治体の職員であり続けるのであれば、当該自治体は、その職員に税金からそれだけのお金を支払うことになるわけです。

そのため、責任は重大です。間違って、働かない職員や他人とすぐにトラブルを起こすような人を採用してしまったら、組織としてマイナスになってしまうからです。いい方は悪いのですが、**大事な税金2.5億円を支払っているのに、住民サービスの向上は期待できず、かえって他の職員に悪い影響を与えてしまう問題職員**なのですから。

このため、採用には慎重にならざるを得ませんし、受験者に対する目も厳しくなります。面接で執拗に質問してくるのには、こうした背景があるのです。

アイツを採用したのは誰だ！　気になる同僚の目や評価

当然のことながら、他の職員から「お前があんな問題職員を採用したおかげで、迷惑を受けている」などと、採用担当職員や面接官役の職員は言われたくはありません（公務員でなく、民間企業の採用担当者も同様かとは思いますが……)。「責任問題」とまでは言いすぎかもしれませんが、そのように言われないためにも、必死に面接を行うわけです。

面接官を務めるのは管理職か人事課職員

面接官を務めるのは

ほとんどは当該自治体の職員

- 大学教授などの研究者、他の自治体職員、試験問題などを作成する業者の社員、一般企業の社員などが面接官になることもある

↓

評価の客観性を確保するため

管理職が面接官を務めるのは

人手が足りないことと、複数の職員の目で
受験者をチェックする必要があるため

↓

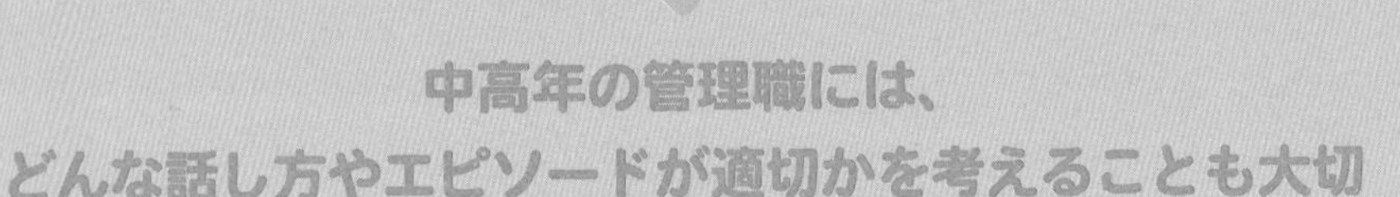
中高年の管理職には、
どんな話し方やエピソードが適切かを考えることも大切

当該自治体職員以外が面接官を行うことも

「面接官は、当該自治体の職員であることがほとんど」と述べましたが、そうでないケースもまれにあります。たとえば、**大学教授などの研究者、他の自治体職員、試験問題などを作成する業者の社員、一般企業の社員などが面接官になることもある**のです。ちなみに、面接会場で「どの人が自治体職員ではないのか」を見分けることは、まずできないでしょう。

このような当該自治体職員以外の者を面接官にする理由は、評価の客観性を確保するなどの目的があります。面接官が当該自治体職員だけだと、どうしても同じ視点や発想になってしまうからです。

部外者や専門的な立場から人物評価を行ってもらうために、こうした人たちに面接官役をお願いするのです。実は、筆者自身もそうした面接官役を依頼されたことがあります。その際は、面接官が３人で、当該自治体職員、他の自治体職員（筆者）、一般企業の社員というメンバーでした。ちなみに、こうした場合でも、面接官によって評価が大きく異なることはありませんでした。やはり、受験者を見抜く力がある人が面接官になっているということのあかしといえそうです。

人手が足りない!?　面接に駆り出される管理職

しかし、多くの自治体では、ほとんどの面接官は当該自治体職員です。その自治体の管理職か人事課職員（元人事課職員も含む）が面接官を行うことが一般的です。人事課職員が面接官を行うのは納得ですが、**なぜ人事課以外の管理職が面接を行うのでしょうか。それは、単純に人手が足りないことと、複数の職員の目で受験者をチェックする必要があるからです。**

現在でも、受験者の数はとても多いです。一次試験である筆記合格者だけを対象に面接を行ったとしても、一般的には採用予定人数の２倍以上の受験者を面接することになります。しかも、面接は１回だけでなく、２回、３回と繰り返されることもあります。このため人手が必要なのです。人事課職員だけではとても手が回りません。

また、人事課職員だけの面接では、どうしても視点が偏ってしまう可能性があります。このため、できるだけ多くの管理職が面接することによって、さまざまな視点から受験者の能力や人柄を判断しようとしているのです。管理職となれば、ある程度の年齢になっていますので、そうした人たちにとって、どのような話し方やエピソードが適切かを考えることも大切です。

Episode 3

「面接がうまい人」が面接官とは限らない

面接官を務める管理職は

研修を受けただけで面接に臨んでいる人もいる。すべての管理職が「人事のプロ」というわけではない

↓

面接官が必ずしも「面接がうまい」とは限らない

↓

「面接官ガチャ」が存在する

だから…

どの面接官に当たっても合格できるようにすることが大事

「面接官ガチャ」は存在する

人手が足りないので管理職が面接官を行う点について、もう少し説明を加えたいと思います。

管理職というのは幹部職員、つまり一般の会社でいうならば経営層に当たる人間です。このため、自治体経営の根幹である人事についても、一定の責任を負います。こうしたこともあって、面接官になるわけです。

しかし、だからといって、**人事課職員とは異なり、すべての管理職が「人事のプロ」というわけではありません**。必ずしも面接手法に詳しいわけではないので、研修などによって学ぶことになるのです。いい方を変えれば、研修を受けただけで面接官になっているのです。

こうした背景もあることから、面接官が必ずしも「面接がうまい」とは限らないのです。皆さんも想像していただければおわかりだと思うのですが、研修を受けたからといって、「はい、あなたはもう一人前です」とはならないわけです。ちなみに、この面接官になるための研修も１日で終わることが多く、何日も続くハードな研修ではありません。

ここに面接の重要なポイントがあります。面接が下手な面接官もいるのです。つまり、「面接官ガチャ」が存在するのです。受験者にとっては迷惑千万な話かもしれませんが、憤慨してもどうしようもありません。この事実を受け止めて、先へ進むしかないのです。

どの面接官に当たっても合格できる技術を身につけよう

では、受験者としては、どうすればよいのでしょうか。「よい面接官に当たりますように！」と祈るのも一つの方法かとは思いますが、神仏も忙しいでしょうから、必ずしも皆さんの願いを聞き届けてくれるとは限りません。そうした不確実性に頼るのは危険な賭けといわざるを得ないでしょう。

それよりも大事なことは、**どのような面接官に当たっても、必ず合格ラインをクリアする技術を身につけること**だと思います。そのための具体的な方法については、この後に解説していきますが、まずは皆さんにこうした「面接官ガチャ」が存在するという事実と、「どの面接官に当たっても合格できるようにする」という２点について、しっかりと認識しておいてもらいたいのです。

面接官は「それで?」「具体的には?」と詰めるよう指導されている

面接官研修で

受験者の回答に対して、「それで？」「具体的には？」と追及するよう強く指導される

たとえば…

「現在の仕事で苦労したこと」であれば、受験者の思考や人柄を知るためさらに質問する

- なぜそれが苦労だったのか
- その苦労に対して、どのように考え、どのような行動をしたのか
- この苦労から学んだことは何か

再質問・再々質問を想定しておく

表面的なやり取りでは、受験者を評価できない

前項で、面接官を行う自治体の管理職は、研修によって面接官になっていることを説明しました。その研修の内容について、少し説明してみたいと思います。

この**面接官研修で強調されることの一つに、「それで？」「具体的には？」と受験者を追及することが挙げられます**。つまり、受験者が何か回答をしたら、「それで？」「具体的には？」と内容を深く掘り下げなさいといわれているのです。その理由は、単に「はい」「いいえ」だけの会話では内容が深まっていかないからです。たとえば、次のような会話があったとします。

面接官：現在の仕事で力を入れたことは何ですか？
受験者：業務の効率化に努めたことです
面接官：現在の仕事で苦労したことは何ですか？
受験者：新型コロナウイルス流行の影響で、チーム内のコミュニケーションに苦労しました
面接官：あなたのストレス解消法は何ですか？
受験者：散歩です

内容がまったく深まっていきません。受験者の考えていることや、どのようなことを行ったのかがわからず、単に表面的なやり取りが繰り返されるだけです。これでは、受験者を評価しろといってもできません。

再質問・再々質問で深く掘り下げるのが面接官の仕事

このため、「それで？」「具体的には？」と受験者を追及することが大事になってくるのです。

たとえば、「現在の仕事で苦労したこと」であれば、「なぜ、それが苦労だったのか」「その苦労に対して、どのように考え、どのような行動をしたのか」「この苦労から学んだことは何か」などから、受験者の思考や人柄を知ろうとするのです。

このことを受験者視点で考えると、**再質問や再々質問を想定することがとても大事**であることがおわかりいただけるかと思います。面接シートに記入した内容を見て、面接官がどのような質問をするのかを考え、さらに「それで？」「具体的には？」と再質問・再々質問されてきたら、どう答えるのかをシミュレーションするわけです。これで面接対応力は各段に向上します。

「それで？」「具体的には？」と何回も聞かれて「しつこいなあ」と思うかもしれません。しかし、面接官もそれが仕事なので、勘弁してあげてください。

面接官には「聞いてはいけない」「言ってはいけない」ことがある

面接で尋ねてはいけないこと

①本人に責任のない事項

- 本籍・出生地に関すること
- 家族に関すること
  （職業、続柄、健康、病歴、地位、学歴、収入、資産など）
- 住宅状況に関すること
  （間取り、部屋数、住宅の種類、近郊の施設など）
- 生活環境・家庭環境などに関すること

②本来自由であるべき事項（思想信条にかかわること）

圧迫面接はダメではないが…

圧迫面接とは、面接官が受験者に対して、わざと威圧的な態度をとったり、答えづらいような質問をしたりする面接手法のこと

↓

人格の否定や暴言などで違法となることもある

面接官が、面接で質問してはいけないこと

面接官になるための研修では、「面接官がやってはいけないこと」も教えられます。そのいくつかを紹介します。これを知ることで、もし本当に面接官に問題発言があれば、試験後に自治体に相談することもできますし、面接官が具体的に何に注意しているのかも理解できます。これらは、厚生労働省のホームページなどにも掲載されています。

面接で尋ねてはいけないことは、次のとおりです。

①本人に責任のない事項	● 本籍・出生地に関すること ● 家族に関すること（職業、続柄、健康、病歴、地位、学歴、収入、資産など）※注：家族の仕事の有無・職種・勤務先などや家族構成はこれに該当 ● 住宅状況に関すること（間取り、部屋数、住宅の種類、近郊の施設など） ● 生活環境・家庭環境などに関すること
②本来自由であるべき事項（思想信条にかかわること）	宗教に関すること、支持政党に関すること、人生観、生活信条に関すること、尊敬する人物に関すること、思想に関すること、労働組合に関する情報（加入状況や活動歴など）、学生運動など社会運動に関すること、購読新聞・雑誌・愛読書などに関すること

圧迫面接での人格否定や暴言は違法である

圧迫面接とは、面接官が受験者に対して、わざと威圧的な態度をとったり、答えづらいような質問をしたりする面接手法のことです。具体的には、受験者の回答を何度も否定したり、「君は公務員向きではない」のようなダメ出しをしたりすることをいいます。

こうした圧迫面接を実施する理由は、ストレス耐性があるのか、困難な状況でも対応できる力があるかなどを検証するためです。採用担当者としては、「住民からクレームをいわれたら、すぐにお手上げになってしまう人では困る」ということもあり、どうしても受験者に対して厳しいことをいわなくてはならないこともあるのです。

この**圧迫面接は、すべてダメというわけではありません**。しかし、人格を否定されたり、暴言があったりすれば問題です。公務員試験ではひどいケースはないと思いますが、人格の否定や暴言などは違法であることを知っておいてもよいでしょう。

面接官は「上から目線」「関係者を知ってるアピール」受験者が嫌い

上から目線受験者

「進んでいる民間企業の社員である私が、遅れている公務員に教えやろう」は論外だが、不用意に「上から目線受験者」になってしまうことに注意

↓

「民間で培った自分の経験・スキルが活かせる」ことをアピールするうち、「上から目線受験者」になってしまう

「関係者を知っている」アピール

「議員を知っている」「職員を知っている」からと情実採用すれば大問題になってしまう

↓

「そんな事情もわからないのか」と面接官は考えてしまう

いったい何様！　無意識のうちに上から目線

面接官の個人的な好みということではなく、多くの面接官が嫌う受験者のタイプが存在します。そのトップバッターは「上から目線受験者」です。

社会人・経験者受験者にありがちな「進んでいる民間企業の社員である私が、遅れている公務員に教えましょう」というような受験者です。「自治体に採用してほしい」と思っているにもかかわらず、このような態度になってしまうのはおかしなことなのですが、**「上から目線受験者」になってしまう理由もある**のです。

それは、面接で自治体の課題を指摘し、その対応策について述べる必要があるからです。その際に、自治体の課題を挙げるつもりが行政批判をしてしまい、対応策を述べようとして、自分の民間での経験・スキルが活かせること、つまり自分が優秀であることを述べるために「上から目線」になるのです。

こうした「上から目線受験者」に対しては、当然のことながら、面接官は「何様のつもりだ！」と、持っているペンをへし折ってしまいそうになるので、注意が必要です。もとより「上から目線受験者」は論外ですが、悪気はないにもかかわらず、言い方によってそのように聞こえてしまうこともあるので、面接での表現には注意が必要です。

「関係者を知っている」アピールは逆効果

「関係者を知っている」ことをアピールする受験者も嫌われます。これもまた、社会人・経験者受験者に多いのですが、「〇〇議員を知っている」「役所の◇◇部長とは、昔からの知り合いだ」「△△課に、自社のサービスを使ってもらっている」など、やたら役所関係のつながりをアピールする人がいます。

そうしたことを話す受験者の心理としては、「役所との関係をアピールして、何とか採用されたい」ということなのかもしれませんが、決してプラスになりません。公平・公正を旨とする公務員が情実採用をしたら大問題です。このことが表沙汰になったら、自治体の信用失墜だけでなく、議員の責任問題などにもつながってしまいます。

「そうした事情をわからないのか」と、面接官は苦々しい気持ちを抑えて、受験者にほほえむのです。確かにかつてはそうしたことはあったのですが……。公務員は、情実採用はもちろんのこと、リファラル採用（自社の従業員に採用候補者を紹介してもらう採用方法）をしないのが基本です。

面接官は服装・マナー・所作のココを見ている

服装のチェックリスト

□ 服装に汚れ、乱れ、シワがない
□ スーツの場合、男性は濃紺・黒、女性は黒が無難
□ シャツ・ブラウスは白で、シンプルなデザイン
□ クールビズの場合、ノーネクタイ・ノージャケット
□ 靴は黒
□ 汗、臭いなどにも注意する

所作・マナーのチェックリスト

□ ドアの前に立ちノックを２～３回する
□ 面接官の「どうぞ」の声があったら、静かにドアを開け、入室後、閉める
□「失礼いたします」と言い、お辞儀をする
□ 椅子の横まで進み、背筋を伸ばして立つ
□ 受験番号と氏名を言い、「よろしくお願いいたします」と言って一礼する
□ 面接官の「お座りください」という指示で椅子に座る
□ 背筋を伸ばして浅めに座る
□ 男性は両手を軽く握り太ももの上に置き、足は肩幅ぐらいに開く
□ 女性は一方の手にもう一方の手を重ねて膝の上に置き、足は閉じる

清潔で社会人にふさわしい服装なら問題なし

面接官は、受験者の外観のどこをチェックしているのでしょうか。

服装は、基本的に社会人として適切なものであれば問題ありません。あくまで公務員試験なので、あまりに個性的な服装はNGです。なお、「クールビズで構わない」との指示があれば、ノーネクタイ・ノージャケットで大丈夫です。自治体がそのように指示しているのですから、「実はスーツを着ないと減点になる」などと勘繰る必要はありません（さすがに、自治体職員もそこまで人は悪くありませんよ）。

なお、**服装で注意したいのは清潔さ**です。服にフケがついている、汗だくになっているなどは困ります。鏡で自分の姿を確認して、面接に臨みたいものです。

マナー・所作は動画で確認しておくのがお勧め

マナー・所作は、入退室と面接官との受け答えの際に見られます。

マナー・所作が完璧でないからといって、大きく減点されることはありません。あまり神経質になる必要はありませんが、きちんとできていないと減点です。こうしたつまらないことで減点になってしまうのは、もったいないことです。

マナー・所作ができていないと、面接官は「この受験者は、きちんと学んでいないのだな」と、受験者に対してマイナスの印象を持ってしまいます。そうすると、その後の採点に影響してしまい、結局は損になるので注意が必要です。面接官は、こうした細かい点に、受験者の本気度をみるのです（減点社会で生きる公務員は、ミスを見つけるのが得意なのです）。

入退室にかかわる一連の動きや面接時の姿勢などは、動画などでぜひ確認しておきましょう。動画で見ればよく理解できるはずです。

服装・マナー・所作については、模擬面接を受けて第三者に客観的にチェックしてもらうとよいでしょう。自分では気づかなくても、他人からすると結構気になるということは、よくあることです。

特に、面接官とのやり取りが長く続くと、足が開いてきたり、椅子に寄りかかったりしがちです。注意しましょう。

Episode 8

面接官は「**明るくハキハキ**」「**会話のキャッチボール**」を好む

明るくハキハキ

（過度の緊張で受験者が）暗い顔をしている、ボソボソ話す

↓

面接官は「住民対応できないのでは？」と不安に思う

会話のキャッチボール

質問に対して、受験者が一方的に長々と答える

↓

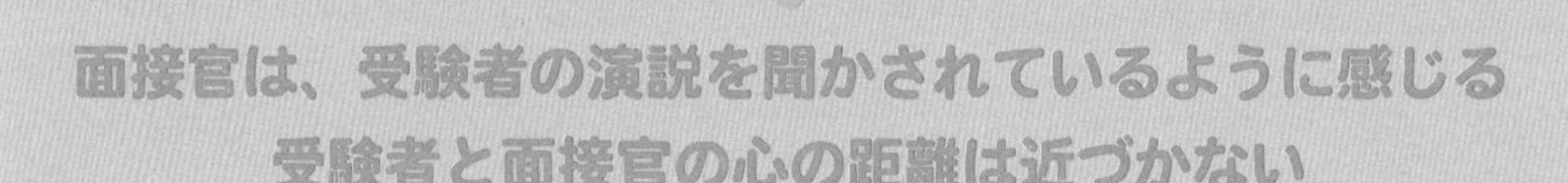
面接官は、受験者の演説を聞かされているように感じる
受験者と面接官の心の距離は近づかない

キャッチボールのコツ

- 質問に結論だけを簡潔に答える
- その後に続く面接官の再質問を、会話のキャッチボールのきっかけにする

暗い顔、ボソボソ口調では不安が募る

面接官との受け答えでは、「明るくハキハキと、会話のキャッチボールを行う」ことを意識しましょう。

受験者が面接で緊張することはよくわかります。これが、自分の人生に大きな影響を与えるかもしれないのですから。しかし、そのことを承知のうえで、面接官の視点に立ってみてください。**緊張した受験者が暗い顔になっていたり、ボソボソと話していたりすれば、面接官は「この人は、住民対応ができないのでは？」などと不安に思ってしまいます**。

受験者が、まるで取り調べや尋問を受けているかのように、堅苦しい答えばかりを言っていたら、面接官も緊張してしまいます。そして、面接官も「この受験者は、本当はどのような人なのだろうか」と、いつまでも疑問が頭の中に残ってしまいます。これでは、積極的に採用しようとは思いません。

どうしても面接では固くなってしまいがちですが、やはり、明るくハキハキと答えることを意識したいものです。面接官を不安に陥れないでください！

受験者と面接官の距離は、会話のキャッチボールで近づく

面接では、会話のキャッチボールを意識してください。つまり、**面接官と受験者との間で、リズムよく会話がやり取りされる**ということです。

ある受験者が、一つの質問に対して、①結論、②結論の理由、③結論に関するエピソード、④結論に関する時事まで述べたとします。受験者としては、質問に対して完璧に答えたつもりかもしれませんが、会話としては成立していません。面接官は、受験者の演説を聞かされているようなものです。これでは、受験者と面接官の心の距離は近づきません。

皆さんも友人や家族と話すとき、会話のリズムを感じることはありませんか。ときには一人が話し続ける場面もあるでしょう。しかし、一人だけがずっと話し続けるのであれば、それは会話ではなく、一方は「聞き役」です。これでは両者の仲は深まりません。

ちなみに、「１回に話す時間は、どれくらいが適当か」と質問されることがあります。しかし、これには「質問によって異なる」としか答えられません。「志望動機を述べてください」と「趣味は何ですか」では、要する時間は異なります。会話を開始するに当たっては、面接官の質問にまずは結論だけを簡潔に答えましょう。そのうえで、面接官に「それは具体的にどういうことですか？」の一言を言わせてあげてください。その後に説明を加えたほうが自然です。

面接官の**究極**の**判断基準**は「この受験者と**一緒に仕事をしたいか**」

面接官に「一緒に働きたい！」と思わせる

職員を採用するということは、自分たちと同じ仲間になるということ。
面接官は、受験者が職場にいたらうまくやっていけそうかイメージする

↓

そのときの思いが、面接の結果に表れる

受験者はここに注意！

①見え透いたうそや取り繕った態度は必ずばれる
②面接官のいうことを無批判に受け入れないこと

この受験者と一緒に仕事をしたいか

面接官は、さまざまな視点から受験者をチェックします。コミュニケーション力、明るさ、論理的に話ができるかなど、いくつかのポイントがあります。しかし、ある意味で**究極の判断基準は、「この受験者と一緒に仕事をしたいか」**といってもよいでしょう。

なぜなら、職員を採用するということは、自分たちと同じ仲間になるということだからです。面接官であるベテラン職員が「いつかは、自分の同僚や後輩になるかも」と思うのは、自然な気持ちです。そして、自分の職場を思い出し、もしこの受験者が職場にいたら、うまくやっていけそうかとイメージするのです。

面接の受け答えの様子から、「仕事を頼んだら、テキパキと処理をしてくれそう」と期待したり、「周囲の職員とうまくコミュニケーションがとれないかも」と不安になったりします。そのときの思いが、面接の結果に表れるわけです。

うそつき、取り繕い、安易な妥協はたやすく見抜く

もちろん、これは単に受験者を好き嫌いで選別するということではありません。面接官は長年、役所で働くベテランです。多くの人間と仕事をしており、たくさんの新人を指導してきた職員でもあります。ですから受験者はもちろんのこと、すでに公務員となっている者であっても、「どのような人間なのか」ということはおよそ察しがつくのです（そうした人を見る目がないと面接官はできません。そんな人間が面接官を担当している組織は、お先真っ暗です）。そこで、皆さんには次の点を覚えておいてほしいのです。

まず、**見え透いたうそや取り繕った態度は必ずばれる**ということです。「本当の弱点は違うけれど、面接用にはこれでいいや」などと、安易に記入してしまうと、面接官に追及されて、「うそだ！」と見抜かれてしまいます。

また、**面接官のいうことを無批判に受け入れないこと**です。「○○のようなことがあったら、どうしますか？」などの問いに、受験者が「××です」と答えると、「本当に××でよいのですか？」と面接官が追及することがあります。このときに動揺してしまい、本当は自分の意見が正しいと思っているのに、「私が間違っていました」と無批判に受け入れてしまう受験者がいます。しかし、これでは「きちんと考えていないな」と受験者の主体性を疑ってしまいます。安易な妥協は、受験者の信頼を損なうのです。

くせもの面接官のタイプ別攻略法

理屈っぽい面接官

公務員にとって理論武装が非常に重要なので、曖昧な回答を許せない

想定問答集を作成して曖昧さをなくし、理論武装する

面接シート軽視型面接官

自分でシートを読まずに受験者に話しをさせる。
面倒くさがりなうえ、口頭で説明させたほうが本当の人柄がわかると考えているフシも……

シートの内容に限らず、広く対策するのが重要

よくいる面接官のタイプ① 理屈っぽい人

面接官にもいろいろな人がいます。受験者にとって大事なことは、どのような面接官に当たっても合格ラインを越えることです。ここでは公務員試験の面接官によくいるタイプの人物を紹介しながら、対策を考えてみましょう。

１人目は「理屈っぽい面接官」です。たとえば、「これまでに失敗をしたこと」であれば、

- **なぜそれを失敗と考えるのか**
- **失敗した理由は何か**
- **どうすれば失敗せずに済んだのか**
- **この失敗から学んだことは何か**

などさまざまな点から失敗を検証しようとします。人によっては「そんな細かいこと、どうでもいいじゃないか」と思うようなことまで質問してきます。

公務員にとって「いかに住民に説明するか」は大事なので、理論武装が重要なのです。曖昧な回答を許せません。こうした仕事上の癖が面接にも反映され、根掘り葉掘り質問するわけです。**「理屈っぽい面接官」への対策としては、想定問答集を作成するなどして曖昧さをなくし、理論武装する**必要があります。

よくいる面接官のタイプ② 面接シートを軽視する人

２人目は、シートを軽視する面接官です。「志望動機を簡潔に口頭で説明してください」のように、自分でシートを読まずに受験者に話をさせる面倒くさがりの人です。とかく形式や建前が重視される公務員社会で、世渡り上手な人ともいえるかもしれません。単に「読むのが面倒」ということもありますが、**受験者に話をさせたほうが、受験者の本当の人柄がわかる**と考えています。

受験者は考えに考え抜いてシートを作成しています。そのため、細かいことを聞いても準備した回答が返ってくるので、意味がないと考えるわけです。それよりも、受験者自身に話をさせれば、ぼろが出たり、シートに書いてないことを言ってしまったりします。そのほうがよいと考えているのです。

このタイプの面接官は、話の盛り上がりや内容によって、シートにとらわれずに質問を変えていくので自由自在です。このため、どのような質問が来るのか予想不能という面があります。受験者としては、シートの内容に限らず、それ以外も広く対策をすることが求められます。

ほかにも、癖の強い面接官は多数います。……ですが、面接官のことを嫌いになっても、公務員のことは嫌いにならないでください！

面接官は**評定基準**に基づき**評定**し、**評定票**を書く

評定基準の例

①積極性（意欲、行動力）
②社会性（他者理解、関係構築力）
③信頼感（責任感、達成力）
④経験学習力（課題の認識、経験の適用）
⑤自己統制（情緒安定性、統制力）
⑥コミュニケーション力（表現力、説得力）

面接官の評定方法

①総合評定を決める
②個別評定を決める
③総合評定と個別評定の整合性を確認する

評定は加点方式ではない

評定基準の例

面接官は、評定基準に基づき評定を行い、評定票に記入します。評定基準は自治体ごとに異なりますし、その内容が発表されることはほとんどありません。しかし、面接の評定基準は、自治体によってそれほど大きく変わらず、ほぼ同様です（専門職などの面接では別なことがあります）。

では実際、どのように評価されるのでしょうか。かつて、人事院では個別面接の評定票の例と評定基準を公表していました（左ページのレジュメ参照）。

この個別評定以外に総合評定の欄があります。

基本的にはこうした項目で評価されると考えてよいでしょう。また、社会人・経験者試験であっても、評定票は新卒試験と同じということがほとんどでしょう。

評定は加点方式ではない

特に皆さんに知っておいてほしいことがあります。それは、評定は加点方式・積み上げ方式ではないということです。ある受験者の評定に当たり、「この受験者の積極性は４点、社会性は３点、信頼感は３点……、合計は23点だな」のように計算しているわけではありません。そもそも個別評定も総合評定も、点数ではなく、A～Eや優良可否などで判断することが一般的です。

面接官の評定方法は、おおむね以下のとおりです

評定の流れ	評定例
①総合評定を決める	この受験者は、総合評定としてはBだな
②個別評定項目を決める	積極性はA、社会性はB、信頼感は……
③総合評定と個別評定の整合性を確認する	総合評定がBだけど、個別評価と矛盾はないかな？

なぜこのような評定方法になるかというと、全体的な人物の評価が重要であって、個別の評定項目でそれぞれの受験者を比較することはできないからです。「前の受験者のほうが積極性はよいかな」などとしても、何の意味もないのです。このため、受験者の立場で考えると、個別の評定項目にこだわるのでなく、あくまで面接全体の評定の向上を目指すことが大事になります。

面接の評価には **相対評価と絶対評価**がある

相対評価とは

受験者を成績優秀な者から順位づけする方法

絶対評価とは

集団内での順位にかかわらず、
個人の能力に応じてそれぞれ評価する方法

実際の面接の評価方法

①個別評定・総合評定いずれも絶対評価を行う

②最終的に総合評定の相対評価で順位を付ける

本書での評定と評価の定義

		評価（採点方法を示す際に用いる）	
		絶対評価	相対評価
評定（採点対象を示す際に用いる）	個別評定	有	無
	総合評定	有	有

※自治体によって実際の名称や運用は異なる

評定方法には相対評価と絶対評価がある

受験者を評定する方法には、相対評価と絶対評価があります。

相対評価とは、受験者を成績優秀な者から順位づけする方法です。ただし、1位から最後まで一人ひとりを順位づけするのでなく、A～Eまでの5段階のかたまりに分けるのが一般的です。Aは優秀、Bはやや優秀、Cは普通、Dはやや劣る、Eは劣るなどとなります。そして、Aは受験者の10％以内のように人数が指定されています。

絶対評価は、集団内での順位にかかわらず、個人の能力に応じてそれぞれ評価する方法です。順位づけしないので、面接官は数を気にすることなく評定することができます。

なお、両者は、「一次面接で絶対評価C以上を合格」「最終面接で、相対評価A・B以上を採用」などと使い分けます。

総合評定の相対評価による順位づけで採用・不採用を決定

相対評価・絶対評価は、どのように運用されているのでしょうか。先に述べたように、評定票には評定基準ごとの個別評定と、全体的な評価である総合評定があります。この**個別評定・総合評定いずれについても、まずは絶対評価を行います**。

しかし、これでは受験者を順位づけできません。なぜなら、受験者のほとんどがCに集中してしまうことなどがあるからです。このため、無理にでも受験者を順位づけしなければならず、そのために**最終的に総合評定で相対評価を行う**のです。受験者を正規分布に配置することによって、採用すべき者とそうでない者を明確にするわけです。

面接官からすると、実はそれほど受験者に差がないと思っていても、とにかく受験者に差を付けて、順位づけしなければいけません。

この相対評価は各面接官が行います。このため、同じ受験者であっても評価が分かれることもあります。しかし、そうした評価を平均するなどして、その受験者の評価を決めて、採用・不採用を決めるのです。

以上の評価方法から、「受験者にとっては、総合評定が重要だ」ということがおわかりいただけるかと思います。**いくら個別評定がよくても、総合評定（特に相対評価）が低ければ、合格することは難しい**でしょう。このため、個別評定にこだわることには、あまり意味がありません。

面接官はこんなことを考えて**評価・採点**している

面接開始５分で評価はほぼ決まる

入室時の振る舞いと開始冒頭の質疑応答で、受験者の人柄・本気度・コミュニケーション能力・準備の程度などがわかる

↓

その後の内容次第で評価変更もあるので、一喜一憂せず、緊張感を持って面接に臨もう！

面接官にも人の好みはある

個性を持った人間が採点しているので、評価が異なることもある

面接開始5分で受験者の評価はほぼ決まる

面接官はどのように採点しているのでしょうか。まず、面接開始５分程度で、おおむねの評価を決めてしまいます。なぜなら、質問を２～３つしただけで、受験者のおおよそのことがわかるからです。

特に面接開始直後は、志望動機ややってみたい仕事を確認する重要な部分です。**冒頭の回答と入室時のマナーをみれば、受験者の人柄・本気度・コミュニケーション能力・準備の程度などがほぼわかる**のです。

もちろん、当初は緊張していて、時間が経過するにつれてよくなっていく受験者もいます。こうした場合には当然ながら、評価を修正します。反対に、最初はきちんと答えていたのに、後になってしどろもどろになるなどすれば、当初の評価を変更して、低い評価にするわけです。

受験者としては、面接冒頭の出来が悪かったからといって投げ出すことなく、逆に好感触だったからといって慢心することなく、最後まで緊張感を持って面接に臨むことが重要です（当然といえば、当然のことなのですが……）。

面接官にも人の好みがある

面接官にも人の好みがあるので、そのことが評価に影響することはあります。もちろん、「女性だから高評価、男性は低評価」や「自分と同じ出身地の受験者だから、高得点にしよう」のような偏ったものはありません。それでは公平な評価とはいえず、面接官として失格です（そもそも公務員としてもダメかもしれません）。

たとえば、元気で少し早口でよく話す受験者がいたとします。この場合、会話好きな面接官であれば、「話が長いけれど、一生懸命になっている証拠だから問題ない」と考え、高評価（B）にしたとします。その一方で、寡黙な面接官は「少し話しすぎだな。もう少し落ち着きが必要だ」と判断し、評価を普通（C）にしました。

こうしたことは実際にあり得ます。AI（人工知能）でなく、**一人ひとり個性を持った人間が採点しているのですから、評価が異なるのは仕方ありません**。この点で、「評価が一致していないのは、おかしい！」と異義を唱えても意味がありません。

受験者としては、面接官一人ひとりの個性までを気にしてもどうしようもありません。「ありのままの自分を見せるの♡」と、某ディズニーソングでも思い出し、面接に臨んでください。

社会人・経験者なら知っておきたい
公務員のジョーシキ

財政

当然のことですが、お金がなくては自治体を運営していけません。皆さんも日々感じているかもしれませんが、先立つものはゼニです（感じていない人がいたら、ごめんなさい）。

このため、自治体職員にとって、わがまちの財政状況は極めて重要ですので、受験者にもその点を理解しておいてほしいと思うのは自然なことです。一方で、自治体財政を理解するのは、意外に困難です。それは専門用語が多いからです。このため、ここでは自治体研究に関連して最低限知ってほしいことを、２点だけお伝えします。

１点目は、自治体の財政状況です。まず、赤字経営で将来不安な状況にあるのか否かです。これは、自治体が毎年発表する「健全化判断比率」を見ればわかります。併せて、経常収支比率（家計でいえば、毎月の給料に対し、家賃や食費など毎月かかる経常的な経費にどの程度充てているかという比率）も見ておきましょう。これらの指標を見ることで、自治体の財政状況の健全度を把握できます。

２点目は、新年度予算案です。毎年、2、３月に発表されます。これにより、「どこに予算を重点的に配分しているか」や新規事業などが把握できます。また、受験者としては「やってみたい仕事」に関連する事業を確認しておくとよいでしょう。

Chapter 4

社会人・経験者採用の面接対策

面接を勝ち抜く鉄板の想定問答

社会人・経験者の採用試験では、新卒受験者以上に重要視される面接試験。「どんな質問がされるのか」と戦々恐々している人も多いでしょう。しかし、質問の多くはパターン化でき、かなりの程度対策可能です。鉄板の想定問答を素材に、応用が利く面接力を養いましょう。

Q&A 1

志望理由は何ですか

面接官の質問の意図は

この受験者は、「今の仕事は大変だから楽な公務員になろう」と思っているのではないか

だから受験者は

「自分は楽をしたいために、公務員試験を受験しているわけではない」ということを説明し、面接官に納得してもらう必要がある

それには

転職の積極的な理由が必要となる。次の２点で説明する

① 公務員という職業の意義

② 自分のキャリアからの説明

Chapter 4

社会人・経験者採用の**面接対策**

よい例
志望動機はなんですか？
私は以前から
地域の環境の改善や
まちおこしなどに
興味があり
携わりたいと
志望しました
公務員になれば
それができると？
はい。
前職も環境に関する
業務もありましたが、
一企業で行える
ことには限界があると
痛感しました
企業ですので、
どうしても利益を
考える必要が
あります
このため、
採算がとれない分野
には手を出しません
しかし、
公務員であれば
市民全体のことを
考えて事業を行う
ことができます
そこに魅力を
感じています
前職の販売職で培った
能力で地域住民との
コミュニケーション
にも自信があります
イイね！
自分のキャリアを
活かした答えは
社会人経験者の
強みだ！

転職する積極的な理由が必要

面接官は、「受験者は『今の仕事は大変だから楽な公務員になろう』と思っている」と基本的に疑っています。しかし、「ただ楽をしたい受験者」が合格して公務員になった後、本当に働かなかったら困るので、そうした受験者を採用してはいけないと強く考えています。このため、**受験者としては「自分は楽をしたいために、公務員試験を受験しているわけではない」ということを説明し、面接官に納得してもらう必要があります**。それには、志望理由は積極的な内容でないと困ります。

「公務員という職業の意義」と「自分のキャリアからの説明」

社会人・経験者が志望理由を述べる際には、**①公務員という職業の意義**、**②自分のキャリアからの説明**の２点に注意が必要です。

ポイント	詳細
公務員という職業の意義	● 公務員でないとできないこと ● 公務員だからこそできること

つまり、現職や他の民間企業などではその業務を行えず、公務員でないとできない内容なので、公務員を志望することを説明します。

たとえば、「これまで人々がよりよい生活が実現できるように、建設会社で働いてきました。しかし、大地震によって避難所生活を送る住民の姿を見て、一企業で行えることには限界があると感じました。また、安全安心のまちづくりがいかに重要かということにも気がつきました。このため、公務員を志望します」であれば、「公務員でないとできないこと」が明確です。

ポイント	詳細
自分のキャリアからの説明	前職や現職に就いた自分を否定するのでなく、 ● それらの経験は公務員として活かすことができる もしくは ● 公務員になるためには必要な経験だった と位置づける

つまり、公務員になることは、急な方向転換ではなく、これまでに培った経験や知識が公務員として活かせることを説明するのです。

具体的には、「これまで店舗の接客業でお客様一人ひとりのニーズを把握し、それに応えてきたという経験は、公務員として住民ニーズを把握し、それを事業に反映させることに活かせると思います」などです。

Q&A 2

併願状況やこれまでの受験歴を教えてください

併願状況を問う意図は

「○○市が第一志望」と言いながらいくつも併願している。
「とにかく公務員になれさえすればよい」と考えているのではないか

↓

こう答えるのがイイ！

併願状況を正直に答えることは必ずしも得策ではない

受験歴を問う意図は

もともと公務員志望だったのか、公務員に対する思いを過去からも含めて確認しておきたい

↓

こう答えるのがイイ！

うそは厳禁。再チャレンジ組は前回不合格のハンデがあると心得よう

Chapter 4
社会人・経験者採用の面接対策

よい例
併願状況やこれまでの受験歴を教えてください
私の地元である○○市と出身校がある△△市を受験しています
2市だけですか？
はい。昨年は地元○○市のみでした
昨年から2回目ですか。前回はなぜ落ちたのかわかりますか？
前職が忙しく、公務員試験に身が入らず、
受験対策も地元に関する勉強も不十分だったからだと思います
今回は大丈夫そうですか？
昨年の失敗を踏まえ勉強をし、地元のことをより深く考えることができ
とても有意義な1年でした
再受験の人はハンデを活かせる答え方ができればいいですね
OK!

受験歴や併願状況から受験者の真意を探りたい

社会人・経験者、新卒受験者を問わず、面接では併願状況について質問されます。その理由は「本当にうちが第１志望なのか」を探るためです。たとえば、大学生が地元周辺の自治体をいくつも受験して、まったく縁もゆかりもない自治体を一つだけ受けていれば、「本当は地元志望だな」と考えるでしょう。社会人・経験者の場合も同様です。

志望理由で「○○市の施策に共感したので、ぜひ○○市職員になりたい」と言いつつも、実はいくつも他市を併願していたら、「本当は、とにかく公務員になりたいのだな」と考えるでしょう。「実は『ただ楽をしたい受験者』なのでは」と面接官は勘繰ってしまうかもしれません。

この点からいえば、**併願状況をすべて正直に答えることは必ずしも得策とはいえません**。「○○市が第１志望なのですが、教育分野に従事したいとの思いが強くあるため、△△県も併願しています」程度に抑えておいたほうがよいでしょう。ちなみに、民間企業在職者が民間を併願していると、「今の会社が嫌に違いない！」とほぼ断定されてしまいます。

公務員への思いを受験歴で確認したい

これまでの受験歴を尋ねることもあります。広く公務員試験全体ということもありますし、当該自治体だけということもあります。

公務員試験全体の受験歴を質問するのは、「もともと公務員志望だったのか」を知りたいためです。そもそも公務員に興味がありながら民間企業に就職したのか、まったく公務員に興味がなく、今回初めて受験したのかでは、受験者に対する見方も変わってきます。どちらがよいとか悪いとかではないのですが、受験者の心理を知っておきたい面接官の心情なのです。それによって、受験者の公務員に対する思いを、過去からも含めて確認しておきたいというところでしょうか。

ちなみに、社会人・経験者受験者で、「昨年も受験したが、不合格だった」というケースがあります。こうした場合、どうしても面接官は「不合格になってしまったのは、何かしらの理由があるに違いない」と、受験者のことをある種の思い込みを持って見がちです。このため、昨年を上回るアピールが必要になりますので、前回の状況を踏まえて作戦を練ることが必要です。

なお、昨年も受験しているのに「今回が初めての受験です」と偽ることはやめましょう。さすがにバレます。

これまでの経験を公務員としてどう活かせますか

質問の意図は

回答がすべて「シートに書いてあるとおり」では盛り上がらない。シートの内容を手がかりに展開した会話を通じて、受験者の人柄を知りたい

こう答えるのがイイ！

実際の面接でどう話すか戦略を立て、素材を仕込んでおく

- シートに記載していないネタ（題材）を用意する
- 具体的なエピソードを準備する
- 客観的評価に注意

悪い例
これまでの経験を公務員として
どう活かせますか
私はこれまで〇〇社で
経理として働いていました
ですが、公務員に
なったからには
今までの経験を
すべてリセットし…
え、リセットするの？
はい。
「郷に入っては郷に従え」
がわが家の家訓です！
公務員の仕事は
多岐にわたります
せっかく公務員になるので
あれば経理とは違う仕事を
したいと思いますし…
そもそも経理なんて
誰にだってできるでしょ
たまにいるよね
君みたいな人
「自分の今までの
経験はたいした
ことはない」
と思い込んで
アピールする気が
ないのはもったい
ないです
アピールの価値が
ないと思うのなら
ほかにネタを用意
しておきましょう

よい例
これまでの経験を公務員として
どう活かせますか
私はこれまで現職で経理として
経費削減や事務の合理化に
取り組んできました
中小企業
具体的に、どのようなことを
行ってきたのですか
集計作業をエクセルの
マクロ機能を活用して
一括処理するなど、
残業を減らす
ことができました
そうした経験は、
公務員として具体的に
どのように活かせますか
時間短縮は
もちろんのこと、
何度も同じ入力を
しなくて済むような、
事務の簡素化に寄与
できると思います
具体的な
エピソードも
加えて
なかなかよい
回答になったのでは
ないでしょうか

シートに書いた以外のネタを用意しておこう

自分のアピールポイントや経験・実績をシートにどう書くかはChapter 2で説明しました。ここでは、シートに経験や実績を記入したうえで、実際の面接でどのような点に注意すべきかを説明します。

ポイント	詳細
シートに記載していないネタを用意する	シートの内容を足がかりに話が広がり、面接官と話が盛り上がるのが理想

面接を行っていると、ときどき「自分の長所は、シートに書いたとおり、明るいことで……」「シートにありますが、会社のプレゼンで……」など、話す内容がシートに書いてある範囲内だけの受験者がいます。シートに事細かに内容を記載してしまい、実際の面接ではそれを超える内容が何もないのです。これでは、面接官としては「読めばわかるよ」「シート以外の話題はないの？」と思ってしまいます。

せっかくの面接の機会なのですから、「シートに書いてあるとおりです」では会話は広がりませんし、受験者の人柄もわかりません。勝手なお願いですが、何人も面接をして疲労している面接官を楽しませてください（……すみません、少しいいすぎました）。

具体的なエピソードと客観的評価を仕込んでおこう

具体的なエピソードを準備する	「これまでの経験」が問われているのだから、その経験には必ず何らかのエピソードがあるはず。面接官にきちんと伝えられるように、エピソードの内容をあらかじめまとめておく

エピソードを短時間で相手に伝えるのは、結構大変です。このため、想定問答集を作る際に、どのようにまとめれば短時間で相手に伝えられるか、表現などを十分精査してください。

客観的評価に注意	自分の評価や認識だけでなく、数字などの具体的な裏づけや第三者の評価がある

客観性についてはChapter 2のEntry 7「職務経験を具体的・客観的に書こう」でも説明しましたが、具体的には「社長賞を受賞した」などの実績、取得資格などがあります。それが難しければ、「同僚から『君がいてくれて助かった』と言ってもらいました」のようなコメントでもよいでしょう。

これまでの実績について述べてください

質問の意図は

- これまでにどのような実績を挙げてきたのか
- その実績は、公務員としてどのように活かせるのか
- その実績から受験者は何を学んだと考えているのか

こう答えるのがイイ！

次のポイントに合う実績を用意しておく

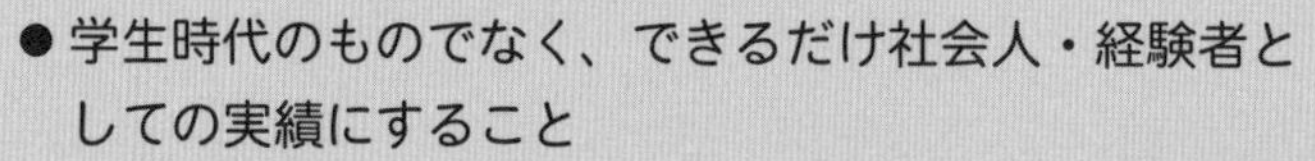

- 学生時代のものでなく、できるだけ社会人・経験者としての実績にすること
- その実績が、公務員として具体的にどのような場面で役立つのかを説明できること

悪い例
これまでの実績について述べてください
私は学生の頃映画研究会に所属していました
少ない部員たちと力を合わせて撮ったショートフィルムが
映画祭で優秀賞を受賞しました
社会人になってからは？
社会人になってから映画なんてつくれないですよ～
…そうじゃなくて社会人になってからの実績は何かないの？
会社では経理なんでしょ？
経理で実績って何ですか？
学生時代の実績は忘れて社会人としての実績を述べてください
その実績をどう公務員として役立てるのかまで説明できれば及第点です
学生時代NG！
アナタの武器は社会人経験！

よい例
これまでの実績について述べてください
私は現在経理をやっており、3年で課長補佐にまで出世させていただきました
課長補佐になると経営会議など重要な会議に出席することがあるのですが
上層部や関係部署を納得させるために、
論理力やわかりやすく説明する能力が求められます
こうした経験は、市民や事業者などに対応する際に活用できると考えています
そうした対応の際に注意すべきことは、何だと思いますか
相手の立場になって考えることが重要だと思います
社会人としての実績、公務員になって活かせる場面をイメージできていますね！

社会人・経験者としての実績を優先しよう

この質問をする面接官の意図は、以下のことを知ることです。

① この受験者はこれまでにどのような実績を挙げてきたのか
② その実績は、公務員としてどのように活かせるのか
③ その実績から受験者は何を学んだと考えているのか

このため、「苦労の末、○○社のミニカーを全種類そろえることができました」「これまでなかなかできなかった、ジグソーパズルを完成させたことです」などのような答えでは困るのです（でも、実際にあるのです！）。そこで、どのような実績を選ぶのかについて整理しておきましょう。

第１に、**学生時代のものでなく、できるだけ社会人・経験者としての実績にすること**です。社会人・経験者枠で採用された人は、即戦力となることが期待されています。このため、学生時代の内容よりも、組織人としての実績のほうが面接官への説得力は高まります。

ただし、学生時代の実績がすべてダメというわけではありません。それなりのインパクトのある内容（大学選手権で優勝したなど）や、客観性の高いもの（英検１級を取得した）などが求められます。

その実績がどんな場面で活かせるのかを意識しよう

第２に、**その実績が、公務員として具体的にどのような場面で役立つのかを説明できること**です。たとえば、「社会人１年目のとき、毎日朝早く出勤し、職場の清掃を行ってきました」を実績にしたとします。確かにそれは立派なことかもしれませんが、公務員になった際に役立つかというと、大いに疑問です。

つまり、「顧客からの激しいクレームに対して、冷静に対応することができた。この実績は住民対応に活かすことができる」のように、面接官がその場をリアルに想定できるほど、具体的な内容であることが望ましいのです。「うまくプレゼンでき、契約を勝ち取った」が実績でも構いませんが、それがどのように公務員として活かせるのかを教えてほしいのです。単に「私は、これを成し遂げました」だけではアピールとして弱いのです。

注意したいのは、「これまでの実績について述べてください」の後には「それが公務員としてどのように活かせるのか」という質問が控えていることです。場合によっては、「その実績から、あなたは何を学びましたか」と聞かれることもあります。この場合も、個人的感想でなく、公務員としてどう役立つのかがポイントです。

あなたを採用したほうがよい理由を教えてください

質問の意図は

単に自己アピールを聞きたいのではなく、自治体のニーズを踏まえたうえで、自己アピールができるかを知りたい

こう答えるのがイイ！

① 自治体ニーズ（各種行政課題と一般的な業務遂行に関連するもの）を把握する

② 自治体ニーズと自己アピールを掛け合わせて、実際に活躍できる場面を具体化する

↓

説得力はより高まる

Chapter 4 社会人・経験者採用の**面接対策**

よい例
あなたを採用したほうがよい理由を教えてください
困難なことでも粘り強く取り組めることが自分の強みです
相談窓口
要望
クレーム
現在は、住民の要望も多様化・高度化しています
要望
クレーム
また、クレーム対応も困難になっています
しかし、そうした事態に直面しても、投げ出さずに取り組むことができます
前職では、困難な交渉に粘り強く対応して、まとめた経験があります
ふむふむ
こうした強みは、市職員としても発揮できると考えています
キミにしか活躍できない場面を具体的に答えられ
説得力も高まりましたね！

自治体ニーズを把握して実績や自己アピールで答えよう

この質問は、単に自己アピールを聞く質問とは異なります。自治体のニーズを踏まえたうえで、自己アピールができるかという、**自治体ニーズと自己アピールを掛け合わせた質問**になっています。このため、実際に自治体のどのような場面や部署で、あなたが活躍できるのかを説明する必要があります。

たとえば、前職がSEやプログラマーであり、受験する自治体の情報システム関連を熟知しているならば、「DXを推進して、オンライン申請の範囲を拡充するなど、住民サービスを向上させます」や「AIやRPAを活用して、各事業の業務を効率化します」のようにアピールできます。

このように、実際の自治体ニーズを事前に把握し、それに対して実績や自己アピールで答えることができれば、非常に強い武器になります。

自治体業務で自分が活躍できる場面を具体化しよう

しかし、多くの受験者にとってここまで専門的な内容を答えることは難しいかもしれません。そこで、この質問にどのように答えたらよいか、考えを整理してみたいと思います。

まずは、**自治体ニーズを把握すること**です。ニーズは、各種行政課題と一般的な業務遂行にかかるものがあります。

各種行政課題	防災、環境、観光、広報、子育てなど自治体の各分野にかかるもの
一般的な業務遂行	業務改善、リーダーシップ、事務の効率化、住民対応（クレーム対応、接遇、ニーズ把握など）など、職場共通のもの

前職が直接自治体の業務に結び付かない場合は、一般的な業務遂行にかかるニーズのほうがわかりやすいかもしれません。

次に、**自己アピールポイントと先の自治体ニーズを掛け合わせ、どのように活躍できるのかを具体化すること**です。前職がSEやプログラマーならば、システムを構築している姿を想像できますが、専門性がない場合は、一般的な業務遂行にかかるものにします。そこで、リーダーシップを発揮したり、クレーマーにうまく対応していたりすることを想定するのです。これが武器になります。

理想をいえば、シートに自己アピールや実績を書く際、このように考えたうえで記入することが望ましいのです。面接官からすれば、ここまで具体的であれば、とても説得力のあるものとして映ります。

Q&A 6

公務員に転職せず、このまま勤務したほうがよいのではありませんか

質問の意図は

面接冒頭の志望理由に納得していない

こう答えるのがイイ！

- このような質問が出ないよう、志望理由への答えを面接官が納得できる内容に仕上げておく
- 「できる自分」が「今の勤務先」よりも「公務員に適している」理由を見つける

悪い例
公務員に転職せず、このまま勤務したほうがよいのではありませんか？
まっまぁ、そうですね！営業成績がよければお給料も増えますしー
あれ？私何言っちゃってるの？こんな答えダメに決まってるじゃない！
あなたは建設会社で働いてますよね この会社でもあなたの望む仕事できるんじゃないですか？
い、いえ！お金ではなく！私は以前から地域活性化や都市計画関係の仕事がしたいと思っていてっ！
違うんですぅ～
テンパっちゃいましたね 志望理由が弱かったことでちょっと意地悪な質問が来てしまいました
こんな場合は失敗を取り戻せるとプラスに考えて冷静に答えましょう

よい例
公務員に転職せず、このまま勤務したほうがよいのではありませんか？
私は以前よりこの地域の都市計画に携わりたいと公務員を希望してきました
それは地域住民と近く接することが公務員でしかできないと思っているからです
志望理由が納得できなかったのね！
一民間企業では、住民全体のことを考えた都市計画を行うことはできません
インフラ
環境整備
区画整備
また、公務員の業務は、住民生活に直結する重要な仕事ばかりです
このため、ぜひ市職員として市民のために働きたいと考えています
アナタが公務員に適している理由を
面接官が納得できればプラスに傾きます

受験者の「公務員になりたい」本音を引き出したい

この質問は、次のようなときに発せられます。

志望理由で公務員になりたい理由を聞き、その後、社会人・経験者としての実績を聞き、さらに自己アピールを聞いた後です。ここまで聞くと、「そんなに実績や自己アピールできることがあるのなら、わざわざ公務員にならず、そのまま勤務したほうがよいのでは」という純粋な面接官の疑問です。

もちろん、「そうですね。では、このまま勤務します」などと受験者が言わないことは、面接官も百も承知です。それにもかかわらず、この質問をするのは、「公務員になりたい」という熱い思い・本音を引き出したいからなのです。別ないい方をすれば、**面接冒頭の志望理由が、面接官として納得できるものであれば、このような質問はしない**でしょう。志望理由に満足していないからこそ、こうした質問で受験者の意志を確認したいのです。

できる自分が「公務員に適している」理由を見つけよう

では、受験者としてどう対応するのが望ましいでしょうか。

第１に、**このような質問が出ないよう、志望理由への答えを面接官が納得できる内容に仕上げておくこと**です。基本的に面接官は「民間企業が忙しいから転職したいのだろう」「受験者は公務員が楽だと思っている」と考えており、生半可な志望理由では信じないのです。

このため、志望理由はこれまでの経験やエピソードなどを絡めて、面接官が納得できるように、十分に練り上げておくことが必要です。

第２に、**「できる自分」が「今の勤務先」よりも「公務員に適している」理由を見つけること**です。この質問は志望理由と自己アピールの後で聞かれます。このため、面接官は「そんなに優秀なあなたが、今の勤務先を辞めて公務員になる理由」を求めているわけです。

受験者としては、「公務員のほうが適している」または「自治体のほうが、現勤務先よりも能力が発揮できる」理由を説明する必要があるのです。これが曖昧だと、面接官はやはり受験者のことを疑ってしまいます。受験者としても難しい質問かもしれませんが、何とか答えをひねり出す必要があるのです。

なお、この際、「現在の勤務先は上司が強引で、自分の能力を発揮できません」などのように、勤務先を否定するのはダメです。これでは単に、今の仕事が嫌だから転職したいだけに聞こえてしまいます。

今の勤務先を辞められますか

質問の意図は

例年辞退者がいるため、面接官は不安に感じている

本当に退職して、公務員になるのだろうか

こう答えるのがイイ！

- 慰留される可能性とその対応について説明する
- 退職までのスケジュールを明確にする

悪い例
今の勤務先を
辞められますか？
辞められます！
でもあなたさっき
課長補佐だって
言ってましたよね
給料も悪くない
ですよね？
役職はありましたが
給料は手当がちょっと
付くくらいで
満足はして
いません
6年目ですよね
もうちょっとやれば
給料上がるでしょ？
これまで育ててくれた
勤務先に悪いんじゃない？
悪いとは思いません！
それはそれで…
社会人経験者は現職場
というしがらみがあるのが
難点といえるでしょう
そのため
採用辞退者が
多いのが現状
〇〇社
やめちゃうの〜？
え〜
説得するための材料は
あらかじめ用意して
おきましょう

よい例
今の勤務先を
辞められますか？
辞められます！　合格したら
すぐに勤務先に伝えるつもり
ですし、仕事の引継ぎプランも
用意してあります
あなたを
引き留めるため
給料上げると
言われたら
どうします？
それでも私の気持ちは
変わりません
すでに退職までの
スケジュールも
決めてあります
まず…
私が退職しても、
業務に支障が
生じないように、
マニュアルを作成
するなど、
これまでも
少しずつ準備を
してきました
マニュアル
スケジュール
そのため、
問題なく退職できる
と考えています
あなたの本気を
試している
質問です
説得のためにも
退職までの
スケジュールは
先に考えて
おきましょう
絶対
公務員に
なるぞ！

面接官は合格者の辞退を恐れている

社会人・経験者採用試験の場合、受験時に受験者がまだ正社員として勤務していることがあります。このため、**面接官としては「本当に退職して、公務員になるのか」と疑問に感じる**ことがあります。

なぜなら、採用試験に合格しても、「やはり、今の勤務先で働きます」と辞退する人がいるからです。転職はその人にとって一大事ですから、やはりぎりぎりのところで転職に躊躇してしまうことは結構あるものです。特に、勤務先が大企業などの場合はなおさらです。

また、面接では、勤務先でどのような成果を挙げてきたのかを聞きますが、その際に「上司や同僚から期待されている」などと受験者が言うと、「そんなに期待されているなら、慰留されるのでは」と考えるのです。

自治体としては、定年退職者の数などを勘案して必要数を精査して合格者数を決めるので、辞退者が多いのは困るのです。このため、受験者の真剣さを確認するのです。そこで次の点に注意してください。

現勤務先の退職は問題ないことを説明しよう

第１に、**慰留される可能性とその対応について説明**してください。たとえば、「現在の勤務先では、毎年、一定数の転職者がいるため、強く慰留されて退職できないということはありません。私の場合も問題ないと思います」などと退職に問題がないことを、理由を添えて説明するようにしてください。

なお、少しでも現勤務先に残留する可能性があるのであれば、「上司に強く慰留されると思うのですが、私としては退職するつもりです」と何となくぼかしておくとよいかもしれません。

第２に、**退職までのスケジュールを明確にする**ことです。たとえば、「10月に合格発表、11月に会社に退社の意思を伝える、12月から３月まで後任者への引継ぎ」など、スケジュールを伝えると面接官は安心します。

このスケジュールが明確でないと、面接官は「きちんと転職について考えていないのでは」「実は、ただ受験だけはしておこうという程度なのかも」と考えてしまいます。

なお、面接では「公務員試験を受験していることを、今の勤務先に伝えていますか」と聞くことがあります。これも受験者の本気度を聞くためのものです。しかし、受験時点では、合格できるかどうかわからないのですから、受験することを勤務先に伝えていなくてもまったく問題ありません。

これまで**失敗したこと**について述べてください

質問の意図は

① 実際に失敗した内容は何か
② その失敗にどのように対応したのか
③ その失敗から何を学んだのか

こう答えるのがイイ！

面接で話す「失敗」は選ぶ

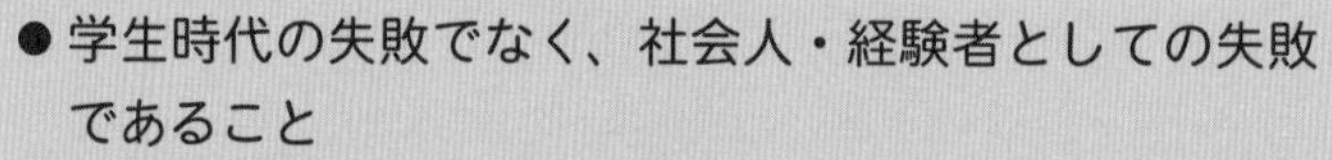

● 学生時代の失敗でなく、社会人・経験者としての失敗であること
● 失敗が失敗で終わらず、失敗から学び・気づきがある内容であること

ストーリー構成で答えられれば、失敗話が自己アピールの道具になる

Chapter 4
社会人・経験者採用の**面接対策**

よい例
これまで失敗したことについて述べてください
私は以前△△市役所に勤務していたのですが
10 years ago….
△△市役所
住民対応で失敗した経験があります
窓口前でお困りの様子の方がいらっしゃったので声をかけ
お話を聞き担当者を呼んでその場を離れました
1時間後そこを通ると同じ方に呼び止められ、
ペコペコ
まだ担当者が来ないと大変怒っておられました
それは大変でしたね
その後、別の担当者を呼び最後まで一緒に対応したのですが
はじめに担当者を呼んだ後
担当者が対応したのか対応できる状況だったのか確認していればよかったと
今でも後悔しています
・失敗の内容、
・失敗の対応、
・失敗で学んだこと
これを押さえておきましょう
内容
対応
学び

社会人・経験者として業務で失敗した内容が向く

受験者の過去の経験について問うものです。この質問の意図としては、

① 実際に失敗した内容は何か
② その失敗にどのように対応したのか
③ その失敗から何を学んだのか

などがあります。

以上を踏まえ、失敗の内容を選択する必要がありますが、当然のことながら、犯罪（横領、セクハラなど）や人格が疑われるような内容（酔って相手に迷惑をかけたなど）は困ります。いくら失敗であっても、その内容は事前に取捨選択することが必要です。そこで、失敗の選び方（？）を考えてみましょう。

第１に、**学生時代の失敗でなく、社会人・経験者としての失敗を選択すること**です。受験者が「学生時代、サークルの人間関係がこじれて、けんか別れしてしまった」を挙げたとしても、面接官としては「どうせ学生時代の失敗でしょ」と考えてしまいます。社会的責任のある社会人や経験者とは異なり、学生時代の失敗は、やはり学生の失敗にすぎず、リアルさに欠けてしまうのです。

それよりも、業務で失敗した内容のほうが、公務員として働いた場合に役立ちます。また、社会人・経験者人としての失敗ですので、他者へどのようにフォローしたのかも関係するからです。

学び・気づきがあった失敗からストーリーをつくろう

第２に、**失敗が失敗で終わらず、失敗から学び・気づきがある内容であること**です。つまり、面接として「こんな失敗がありました」で終わらせず、「この失敗から、こうした学びや気づきがありました。それを公務員になったら活かしていきます」というように、失敗というマイナス要因を、自己アピールであるプラス要因に変えていけることが大事なのです。

たとえば、次のようなストーリーであれば、失敗談を自己アピールの道具として使うことができます。

与えられた仕事に集中しすぎて、周囲の人と進捗状況を確認していなかった。商品の納期が来て、初めて周囲の進捗と異なっていることがわかり、混乱に陥った。この失敗から、日頃のコミュニケーションの重要性を痛感した

ただ、このストーリーがきれいすぎる、できすぎていると、面接官は「この話は本当かもしれないけれど、作り込んでいるな」と疑ってしまいます。このため、失敗の内容にも十分なリアルさが求められます。

Q&A 9

民間と自治体で働くことの違いを述べてください

質問の意図は

社会人・経験者は、組織人のルールや業務遂行能力は身につけているかもしれないが、公務員としての適格性を有しているかは不明

こう答えるのがイイ！

公務員としての適格性とは

- 公平性・公正性
- 公務員としての服務規律

これらを理解し、適合した言動がとれる

Chapter 4
社会人・経験者採用の**面接対策**

よい例
民間と自治体で働くことの違いを述べてください
民間と公務員の違いは公務員には公平性、公正性が求められることです
これは一部の地域や住民を優遇したりしてはいけないということです
おごるからオレだけに〜
いいよ〜
地域全体を考えて事業を企画する必要があります
みんなで楽しめる祭りを〜
いいね〜
次に服務規律です
あの子の家近いよ
へ〜
例えば、公務員は市民の個人情報を知ることとなりますが、そうしたことを漏らすことは許されません
そうしたことを行ってしまえば、市民からの信頼を失ってしまいます
教えないでよ！
確認しとこう
公務員を理解しているのかを問われています
地方公務員法
国家公務員法

公務員としての適格性が問われている

社会人・経験者の受験者であれば、組織人としてのルールを身につけており、業務遂行能力もあると、一般的に面接官は思っています。民間企業などに採用されたということは、企業などから一定程度の基準をクリアしていることが証明されていると考えるからです（ちなみに、不可解な退職の記録があると、そこに疑問を持ち、退職の具体的な理由などを聞き出そうとします。これは、何らかの理由で自己都合退職に追い込まれたのでは、などと判断するためです）。

しかし、公務員として働いた経験がないのが普通ですから、そうした**社会人・経験者でも、公務員としての適格性を有しているか否かは面接官もわかりません**。この適格性を検証するため、「民間と自治体で働くことの違い」を聞いてくるのです。質問に対しては、

① 自治体は、民間企業と異なり公平性・公正性が求められること
② 公務員は企業の従業員と異なる服務規律が求められること

について説明する必要があります。

公平性・公正性と服務規律を理解しているか

①の**公平性・公正性**について説明しましょう。民間企業であれば、自社の利益を第一に考えても基本的には問題ありません。自社の商品を大量に購入してくれる顧客に、大幅な割引を行うようなケースです。しかし、自治体では、特定の住民や地域だけが有利になるような事業を実施することはできません。こうした点を理解しているかが問われるのです。

ちなみに、公平性・公正性に関連して、事例問題で問われることがあります。たとえば、上司から「市内に住む芸能人の課税状況を知りたいから、端末で探して印刷してくれ」と言われたとします。一般的には上司の命令に従う義務があるのですが、不正な指示には断固として拒絶することができるのかということを検証しているのです。

②は**公務員としての服務規律**です。たとえば、悪口などをネットに書き込むなど、公務員として信用を失墜するような行動をしない、職務上知り得た秘密を勝手に漏らさない、政治的団体の役員にならないなどがあります。

このようなことは、一般の民間企業では問題ないこともありますが、公務員であれば、場合によってはその身分を失うこともあります。このように、公務員ならではの服務規律についても理解しているかが問われます。

Q&A 10 どこまで出世したいですか

質問の意図は

最近の自治体職員には出世意欲がなく、昇任しようと考える職員が減少している。受験者の出世に対する考えを知りたい

こう答えるのがイイ！

まだ働いていないので、「出世したい」が答えでなくてもよい。考えを率直に伝えよう

回答例

- できるところまで昇任したい
- 出世することは考えていません
- 働いてから考えます

悪い例
どこまで出世したいですか？
私がやりたいことができるくらいには出世したいです
やりたいこととは？
地域の開発に携わり自分好みのまちにすることです
アナタ好みのまち？
高速道路、新幹線、オシャレな繁華街、高級住宅地コンサートホール、
大型テーマパークそして国際空港!!
知事目指してる？
何年働いてくれるかなぁ
公務員を続けるのか心配になる答えはNG
出世欲のあるないは重要ではありませんが
やる気があるという印象になるよう心掛けましょう
うーむ…

よい例
どこまで出世したいですか？
係長にはなってみたいと思っています
なぜですか？
部下を持つということは、人間的にも成長できると思うからです
係長として、何をしてみたいのですか
部下が気持ちよく働ける職場環境をつくってみたいです
前職では、強引なリーダーの下にいたので、
風通しのよい職場づくりをしたいです
正解はありません
自分の考えを率直に言えたのでOK!

正解はない。考えを率直に話そう

最近よく聞かれる質問の一つです。この質問がなされる背景には、**最近の自治体職員には出世意欲がなく、昇任しようと考える職員が減少している**ことがあります。「大して給料も上がらないのに、責任だけ重くなる係長や課長になるのは嫌」と考える職員が多いのです。

このため、かつて係長や課長になるための試験（論文や面接などの昇任試験）があった自治体でも、試験を廃止して指名制にしたところもあるくらいです。こうした背景があることから、受験者がどの程度昇任したいと考えているのかは、面接官も知りたい情報の一つなのです。

結論からいえば、この質問に正解はありません。まだ働いていないのですから、受験時に態度を決められないのは当然のことです。このため、自分の考えを率直に伝えて構いません。

なお、こうした質問に対応するため、自治体の任用制度（ポスト体系や昇任試験の有無など）は、一応調べておいたほうがよいでしょう。

回答例と留意点、フォローしておくこと

回答例①	留意点
できるところまで昇任したい	面接官には好印象。係長や課長のなり手が少なくて困っている自治体には渡りに船。受験者のやる気も感じられるので、高評価につながる可能性は高い

ちなみに、最近、社会人・経験者採用枠で職員になった人は、昇任をためらうことが少ないようです。これは、「民間企業の出世レースから考えれば、公務員の出世はとても楽」「定期昇給だけでは給料は厳しいので、出世して少しでも給料を増やしたい」などの思惑があるようです。

回答例②	留意点
出世することは考えていません	やや消極的な印象。しかし、実際の公務員でも「出世しなくても定年まで安定した職があればそれで十分」と考える人はいる（女性に多いが、男性も少なくない）。マイナス評価とはいえないが、なぜそう考えるのかの説明は必要（専門職だから家庭とのバランスを考えたいなど）

ほかに、「今は出世のことまで考えていません。働いてから考えます」も答えとしてはあり得ます。まだ働いていないのですから、ひととおりのことを理解してから考えるという職員は実際に多くいるので、問題ありません。

本市の**最大**の**行政課題**は**何**だと思いますか

質問の意図は

受験者は、自治体が直面しているさまざまな「最大の行政課題」を把握しているか

こう答えるのがイイ！

行政課題は何でもよいわけでない。情報や媒体で自治体の行政課題を把握しておく

第２の質問に備えよ

この質問の後には、第２の質問が来る

- なぜ、それが最大の行政課題と思うのですか
- その課題に対して、どのように対応したらよいと思いますか

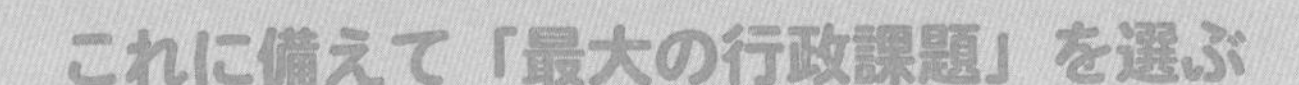

これに備えて「最大の行政課題」を選ぶ

悪い例
本市の最大の行政課題は何だと思いますか
課題は市長の使い込み問題です
!!
車とかシャワーとか
そ、そうね
私的利用目的の数々の使い込みは市民として恥ずかしいです
アリエナーイ
仕事上の雑談で出身地を尋ねられたときなどは
「あの市長の、○○市です」
と言うのが鉄板になってしまいました
ネタになるもんねぇ
スキャンダラスな回答は雑談には向いているかもしれませんがここでは避けましょう
行政課題はたくさんあります
自治体の広報紙やホームページなどで把握しておきましょう
広報
○○市

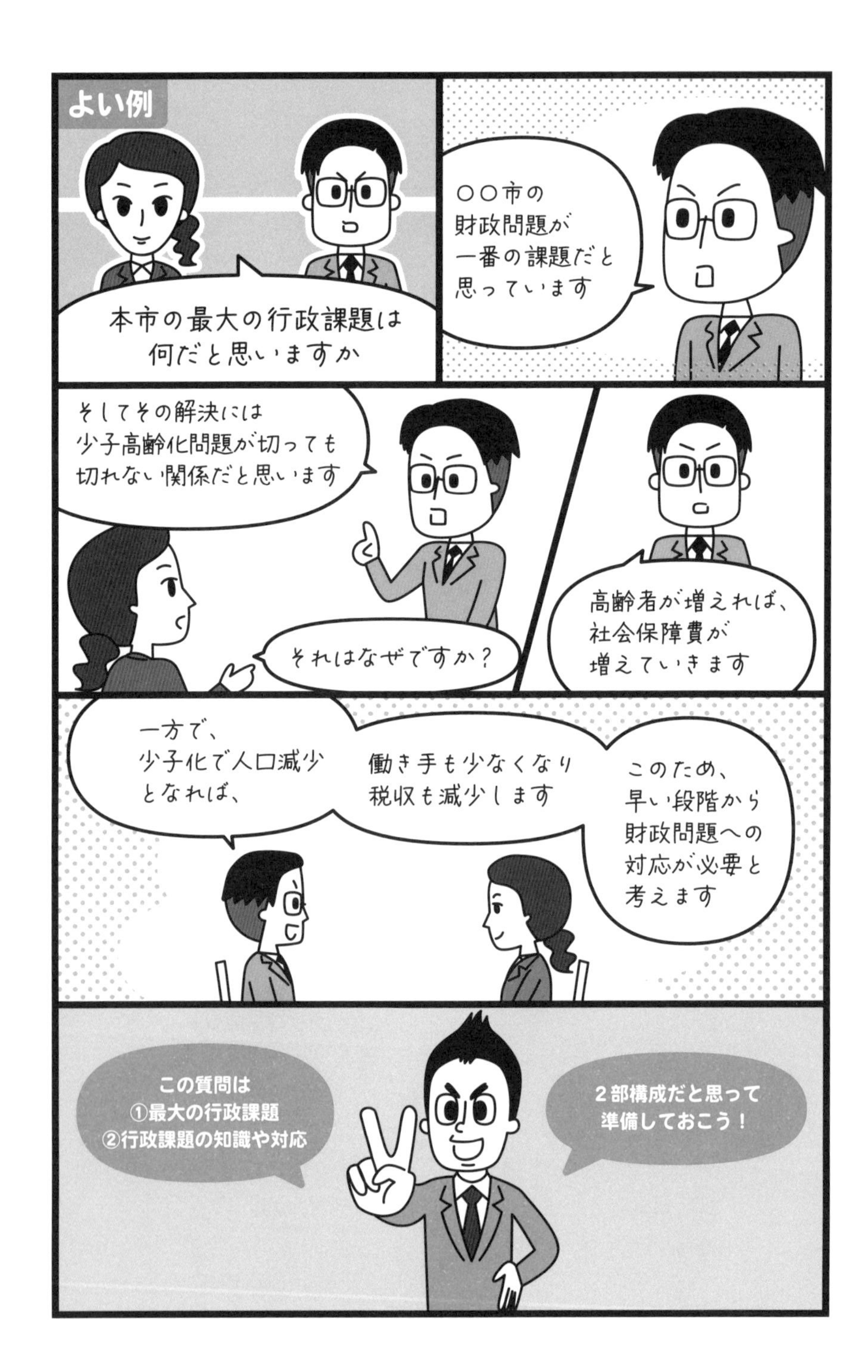
よい例
本市の最大の行政課題は何だと思いますか
○○市の財政問題が一番の課題だと思っています
そしてその解決には少子高齢化問題が切っても切れない関係だと思います
それはなぜですか？
高齢者が増えれば、社会保障費が増えていきます
一方で、少子化で人口減少となれば、
働き手も少なくなり税収も減少します
このため、早い段階から財政問題への対応が必要と考えます
この質問は
①最大の行政課題
②行政課題の知識や対応
2部構成だと思って準備しておこう！

最大の行政課題は一つではない、答えも一つではない

受験者の自治体に対する認識を問う質問です。「最大の行政課題」などと質問されると、いかにも正解は一つのように考えてしまう受験者もいますが、この質問の正解は一つではありません。

そもそも、自治体は少子高齢化、地域活性化、健康、子育て支援、環境対策、教育など、幅広い分野の業務を行っています。このため、**「最大の行政課題が一つ」などということはなく、いろいろな課題が「最大の行政課題の一つ」になっている**のが実態なのです（禅問答のようですが……）。

一方で、この質問の回答が何でもよいというものではありません。たとえば、受験者の回答を聞いて、面接官が「それが本市の行政課題なの？」と疑問に思ってしまうようなものも当然あります（窓口の定型業務など）。つまり、面接官からすればとても最大の行政課題とはいえない内容なのです。

こうした事態を避けるためには、受験者としては、

① 首長の所信表明や議会招集挨拶
② 直近の予算案の概要やプレス発表資料
③ 広報紙や自治体ホームページ

などで自治体の行政課題を把握しておくことが重要です。

第2の質問に備えて行政課題を選ぼう

面接ではこの行政課題を聞いて質問が終わるのではなく、**「なぜ、それが最大の行政課題と思うのですか」「その課題に対してどのように対応したらよいと思いますか」と第２の質問が来る**ことが一般的です。

受験者の立場からすると、この第２の質問が来ることを見据えたうえで、「最大の行政課題」を選ぶ必要があります。「なぜ、それが最大の行政課題と思うのですか」「その課題に対して、どのように対応したらよいと思いますか」の**質問に答えられない行政課題を選んではいけません**。

なお、「なぜ、それが最大の行政課題と思うのですか」は、住民への影響の大きさ、時代的な背景などを踏まえて答えることになります。一方、注意が必要なのは「その課題に対してどのように対応したらよいと思いますか」です。**受験者の独特な答えや突拍子もない答えはNG**です。

そもそも、最大の行政課題はすぐに解決できるようなものではなく、それこそ自治体が腰を据えて対応している困難な課題なのです。現在、当該自治体が実施している対応策を踏まえて答える必要があります。

本市の行政運営の改善点について述べてください

質問の意図は

民間企業などの自治体の外にいる人から、自治体はどのように見えているのかを知りたい

こう答えるのがイイ！

- 行政もその課題に対して取り組んできたが、あと一歩足りない点を指摘する
- 勤務している企業での取組みなどを踏まえて、具体的な提案ができると説得力UP
- 民間企業と自治体の性格の違いを十分認識する

行政批判、自治体批判はNG！

Chapter 4 社会人・経験者採用の**面接対策**

よい例
本市の行政運営の改善点について述べてください
本市は現在未就学児の人数に対して保育所の数が追いついていません
働く大人を増やし税収を上げるためにも保育所の整備を進めなければいけません
そうですね
△△市行政ではこの改善のために…
①幼稚園での預かり保育
②ベビーシッター利用への補助
このようなことに取り組んでいます
本市では実施していませんので、検討してもよいと思います
保育所の整備には多額の予算が必要ですが、
これらの対応であれば、経費も軽減できます
行政の取組みも踏まえて改善点が答えられていてよいですね

改善点を問う質問で、行政批判は厳禁と心得よう

民間企業経験がある受験者に対して、このような質問がされることがあります。これは民間企業などの自治体の外にいる人から、自治体はどのように見えているかを知りたいという面接官（つまり自治体職員）の思いがあるからです。単なる面接官の興味本位ということではなく、民間企業と自治体の違いを知りたいのです。

しかし、この質問は自治体の改善点を聞いているわけですから、「お役所仕事で非効率です」のような**行政機関、自治体批判**は厳禁です。現状では不十分な点、不足している点を述べることは当然必要です。しかし、いい気になって延々と批判をすれば面接官だっていい気持ちにはならず、合格は難しくなってしまいます。

行政も対応してきたが、あと一歩足りない点を指摘しよう

この質問への回答で、「**行政もその課題に対して取り組んできたが、あと一歩足りない点を指摘する**」という姿勢が望まれます。行政の取組みを一定程度評価しつつ、さらなる改善点を提案するわけです。

たとえば効率性について、「自治体もアウトソーシングを進めて効率化を図ってきたが、まだ民間委託できる分野がある」「これまでもIT化を促進してきたが、AIやRPAなどを導入すればさらに業務の効率化が可能となる」のように、**自治体のこれまでの取組みを踏まえたうえで、さらなる改善点を提案するとよい**でしょう。

民間企業に勤めていれば、勤務している企業での取組みなどを踏まえて具体的な提案ができると、より説得力のある提案となります。自社で在宅勤務やテレワークが導入されているなら、通勤の縮減による交通費の削減、社員のモチベーションアップなどのメリットを説明できます。身近な例を用いて説明すれば、面接官も大いに納得するはずです。

ただし、民間企業などで導入されていれば、何でも自治体に導入できるというわけではありません。在宅勤務で同じ生産性を確保できればよいのですが、窓口業務は住民とじかに接するのが仕事ですから、そもそも導入が難しいでしょう。また、住民目線で考えると「税金を使って働いているのに、家で仕事なんて」と批判する住民もいるかもしれません。

このように、**民間企業と自治体の性格の違いを十分に認識することも必要**です。

周囲の人から、**あなたはどのような人**と言われますか

面接シミュレーション

面接官●周囲の人から、あなたはどのような人と言われますか

受験者●会社の同僚からは「よく気が付く人だ」と言われます（恥ずかしさ Lv.1）

面接官●なぜ、同僚の方はそう言うのでしょうか

受験者●こまめに職場のファイルの整理などを行っているからだと思います（恥ずかしさ Lv.2）

面接官●同僚の方があなたを「よく気がつく人だ」と評価することに、あなた自身はどう思いますか

受験者●確かに、他人が作成した資料のミスなどを見つけることが多いので、そういう面もあると思います（恥ずかしさ Lv.MAX ！）

質問の意図は

受験者が恥ずかしさで舞い上がっているから、本音が出やすいだろう

Chapter 4
社会人・経験者採用の**面接対策**

よい例
周囲の人から、あなたは どのような人と言われますか
同僚からは 正義感が強い と言われます
テレッ
その同僚はあなたの どんなところを見て 正義感が強いと 感じたのか わかりますか？
万引き犯を捕まえたり したからだと思います
同僚の評価をあなた自身は どう思いますか？
テレ テレ
悪ガキを叱ったり 友人の相談に乗ったり 昔から不正や理不尽が許せなくて おせっかいなだけなのですが
正義感が強いとか よく言いすぎだと 思います
自分のよい評価を 話すのは恥ずかしい ですが
そこにあなたの 本当の姿が あります！

受験者本人に対する他人の評価を確認する

受験者の周りの人間から、受験者本人がどう思われているのかを確認するための質問です。質問の意図は、意地悪ない い方をすれば「受験者が言う回答や自己 PR はうそかもしれないから、受験者に対する他人の意見を確認してみよう」というものです（受験者の皆さん、申し訳ありません。受験者を疑うことも、面接官の仕事の一部なのです）。

受験者に対する他人の評価では、基本的には悪いことは出てきません。「友人からは『うそつきだ』と言われます」とか「同僚からは『人として許せません』とよく言われます」などの悪口は絶対に出てきません（あったらあったで、それは困りますが）。

必ずよい評価に決まっています。そうすると、受験者本人も多少の恥ずかしさをもって答えることになります。そこに、本人らしさや本当の姿が見えることがあるのです。

恥ずかしさMAXの受験者から本当の姿を知りたい

この質問には、必ずエピソードが加わります。「なぜ、同僚はあなたのことを『よく気がつく人だ』と言うのでしょうか」と再質問があり、嫌でも受験者は自分のよいエピソードを、さもその同僚が話したかのように話すわけです（これで恥ずかしさがさらに増します。そもそも面接時の受験者の回答は、自分を売り込むため、すべて自分のよいところを述べるのですが、なぜかこのときは恥ずかしくなってしまうものなのです）。

さらに面接官は追い打ちの質問をします。「同僚がそのように評価することに、あなた自身はどう思いますか」と。そこで、「確かに、他人が作成した資料のミスなどを見つけることが多いので、そういう面もあると思います」などと、また自分で自分のことを肯定することになります。多くの受験者は、そこで恥ずかしさ MAX を迎えることになります。面接官からすると、それだけ受験者が舞い上がっているのだから、本音が出やすいだろうと思うわけです。このようにして、**受験者の本当の姿を知ろうとする**のです。

受験者としては、こうした面接官のねらいを十分踏まえて、回答を準備しておく必要があります。ちなみに、もちろんこの質問への回答を、完全にでっち上げて創作することもできます。そんなでっち上げを無表情で淡々と面接官に語る、末恐ろしい受験者がもしいたら……。そんなデキる人は、公務員ではなく他の職業をおススメします。

Topic

個別面接以外の いろいろな面接スタイル

個人面接以外にもさまざまな形式の面接があります。ここでは、集団面接、集団討論・グループワーク、プレゼンテーション面接、Web 面接・AI 面接・動画録画面接（ビデオ面接）の形式や内容を整理し、面接に臨むに当たってのポイントや注意点、実際の流れなどを紹介しましょう。

本項では面接形式を次のように整理･定義します。ただし、たとえば集団面接、集団討論、グループワークと呼称しても、その内容は同じ名称であっても異なることも、逆に名称が異なっても同じ内容であることもあります。自分が受験する自治体の試験内容に応じて、適宜読み替えてください。

また、集団面接は、

①個別面接を順番に行うもの
②同じ質問をそれぞれの受験者に問うもの
③受験者が互いの回答について考えや意見を述べるもの

などに分類されます。①、②については、これまで説明してきた個人面接と実質的には変わらないので、ここでは③を集団面接としています。

面接形式	特徴
集団面接	複数の受験者を１回の面接で評価する形式で、受験者が互いの回答について考えや意見を述べる
集団討論・グループワーク	面接官は主導せず、受験者どうしが議論を行うことがメインの面接方式
プレゼンテーション面接	与えられたテーマについて面接官の前でプレゼンテーションを行う面接方式
Web 面接	Zoom などの Web 会議システムを用いて面接を行う
AI 面接	人間の代わりに AI が面接を行う
動画録画面接（ビデオ面接）	あらかじめ指定された質問に対する回答を受験者が録画し、そのファイルを自治体に送る

集団面接

面接形式

複数の受験者を１回の面接で評価する形式で、受験者が互いの回答について考えや意見を述べる

ポイントと対策

他の受験者と比較される。対策は、

- 他の受験者と回答が似ていても、自分の意見を加える
- 他人の意見を覚えておく
- 他人の意見をむやみに否定しない

集団面接の実際

集団面接の受験者は３～６人程度、時間は30～１時間程度です。手順としては、

①面接官がテーマを与える

②受験者は一定時間テーマについて考える
③面接官がテーマについて受験者に質問する
という流れが一般的です。なお、面接官がテーマを提示するだけで、後は受験者が自主的に議論を行うものは、本書では集団討論・グループワークとし、後述します。

テーマが「人口減少対策について」で、受験者が５人（A～E）いたとします。面接官は最初にテーマを示し、受験者に考える時間を与えます。その後、受験者に「あなたが考える人口減少対策を述べてください」と言い、一人ひとりに答えさせます。

このとき、後に答える受験者は、前の受験者が答えてしまっているので、答える内容がなくなっていきます。ただ、その場合でも「Aさんとほぼ同じですが、私としては○○も行うべきと思います」のように**自分の意見を付け加えることが大事**です。まったく自分の意見がないのは、考えていないように見られるからです。

また、**他人の意見を覚えておくことも必要**です。各受験者がひととおり回答した後、「Bさんは△△が有効と言いましたが、これに対してAさんはどう思いますか」のように見解が問われるからです。この場合、**むやみに他の受験者を否定するのはNG**です。他人の意見に対する評価を述べる際には、よいところは取り入れる、自分の意見に間違いがあれば修正するなども行います。このように、**集団面接では他の受験者と比較されることがポイント**なのです。

集団面接の質問例

時間：30～60分程度

面接官：3～5人程度

受験者：3～6人程度

質問方式

❶ 1つの質問に対して受験者が順番に答えるパターン

○○について、Aさんから順番にどうぞ

❷ 面接官がランダムに指名するパターン

○○について、Bさんはどう思いますか／Dさんはどう思いますか

❸ 答えの準備ができた人から挙手をさせるパターン

○○について、意見のある方は挙手してください

❹ それぞれの意見について討論させるパターン

先ほど○○についての意見を皆さんに述べてもらいましたが、Aさんの意見について、Bさんはどう思いますか

質問内容

- 1分間で自己紹介してください
- 志望理由は何ですか
- 長所・短所は
- これだけは人に負けないという強みは何ですか
- 今までの経験の中で、自分を成長させてくれたものは何ですか
- 当市の職員として働くことの魅力は何だと思いますか
- 今まで環境が変わったときに自分なりに工夫したことは何ですか
- 民間と公務員の違いは何ですか
- 最近うれしかったことは何ですか
- 自分の性格を一言で表すと
- これまでのキャリアを100点満点で採点すると何点ですか。その理由も
- 県職員として取り組みたい施策は何か。これまでのキャリアや専門をその施策にどう活かしますか
- 外国人労働者の受け入れについてどう考えますか

集団討論・グループワーク

面接形式

面接官は主導せず、受験者どうしが議論を行う

ポイントと対策

受験者の自主的な運営に任される。対策は、
- 積極的に議論に参加する
- 他の受験者の意見をよく聞き、それを活かす

集団討論・グループワークの実際

集団討論は通常、4～12人程度のグループで討議し、1つのテーマについてグループとしての結論を出します。討議の時間は45～60分が一般的で、最初に10分程度、考えをまとめる時間が与えられることもあります。討議の進め方は受験者に任されることが多く、冒頭に各メンバーが意見を述べたうえで討論に入るというケースもあります。その後は、

①司会や書記などの役割分担
②議論の手順や進め方の確認

③時間配分の決定
④討論
⑤グループとしての意見集約
⑥発表
のような流れになることが一般的です。

グループワークは、この集団討論の作業版ととらえておいて構いません。

テーマについては、一次試験の合格発表とともに合格者に伝えられる場合と、試験当日に発表される場合のどちらもあります。なお、実際のテーマの内容は、一般的な社会課題や行政が直面する課題など、さまざまです。

集団討論・グループワークではグループへの貢献が評価されます。それにはまず、**積極的に議論に参加すること**です。仮に司会役でなくても、結論を導くため、積極的に議論に参加することが求められます。全然発言しないのでは、評価につながりません。反対に、自分の意見だけを主張したり、自分の意見がなく、単に他の意見に追従したりする態度はNGです。評価の基準は、どのようにグループに貢献したのかです。「自分の意見がどの程度取り入れられたか」ではありません。

次いで、**他の受験者の意見をよく聞き、それを活かすこと**です。グループワークなどでは、自分の意見を言うことも大事ですが、グループとしてテーマに対する議論を深めることが目的です。この際、誰か1人の意見だけを取り上げて、それをグループの結論にするのでは意味がありません。あくまで、いろいろな議論を踏まえたうえで、結論を導くことが大事なのです。

もちろん、それは受験者全員の平均をとることでも、全員の意見の折衷案であればよいというものでもありません。お互いの議論によって、よいところは取り入れ、実現困難ならば不採用とするなど、さまざまな意見が精製されて、一定の結論を導くことが大事なのです。このため、他の受験者の意見をよく聞きましょう。

集団討論・グループワークの課題例

※ Chapter 7を参照

プレゼンテーション面接

事前シミュレーション
しておかなきゃキケン！

面接形式

与えられたテーマについて面接官の前でプレゼンテーションを行う

ポイントと対策

プレゼンの内容や構成は受験者が考える。対策は、

- テーマに対する自己の主張を明確にする
- 自己の主張への反論への対抗策を検討しておく
- 必ずプレゼンの模擬発表を行う

プレゼンテーション面接の実際

プレゼンテーション面接が採用されることになった背景として、個人面接の対策が充実してきたため、マニュアルどおりに回答する受験者が増え、受験者

の間で差がつかなくなったことが指摘されています。

プレゼンの内容や構成などは、受験者本人が考えて決定することになるので、受験者の実力が把握しやすいとされています。評定基準は、論理性、表現力、自己統制力などで個人面接と違いはありません。

実施方法は、次のとおりです。

①受験者にテーマが伝えられる
②テーマについて主張をまとめる
③面接官の前で発表する
④面接官が受験者に質問する

テーマは面接当日に伝えられることもあれば、筆記試験の合格発表後に伝えられることもあります。内容は、「自己PR」や「職務経験がどのように市政に反映させられるか」など、個人面接とあまり変わりません。

面接当日までにテーマを伝えられた場合は、当然、それまでに準備を行うことになります。プレゼン面接の準備として、パワーポイントなどのファイル（資料）を用意する場合もあるようです。

プレゼン時間は3～10分程度、その後、面接官からの質問が15分程度あるようです。プレゼンの際には、ホワイトボード使用可というケースもあります。

プレゼンテーション面接の対策は、第1に、**テーマに対する自己の主張を明確にすること**です。プレゼンでは、テーマに対して自己の主張を述べるわけですが、根拠、理由、必要性、正当性を論理的に説明することが必要です。単なる思いつきでなく、理論武装が求められます。

第2に、**自己の主張への反論への対抗策を検討すること**です。自己の主張については、必ず面接官から反論や追及が来ます。このため、対応策を考えておくことが必要です。テーマが事前発表される場合であれば、想定問答の準備をしておくとよいでしょう。

第3に、**必ずプレゼンの模擬発表を行うこと**です。試験当日前に練習して、わかりやすい話し方になっているか、制限時間内に収まるか、身振り手振りなどの所作はどうかなどを、確認しておくことが必要です。

プレゼンテーション面接の課題例

※ Chapter 7を参照

Web 面接・AI 面接・動画録画面接（ビデオ面接）

面接形式

Web 面接

Zoom などの Web 会議システムを用いて面接を行う

AI 面接

人間の代わりに AI が面接を行う

動画録画面接（ビデオ面接）

あらかじめ指定された質問に対する回答を受験者が録画し、そのファイルを自治体に送る

ポイントと対策

新しい面接方法で、実施している自治体は少ない。対策は、

- 自治体から発表される注意事項を確認する
- パソコンやソフトウェアの操作に慣れておく

Web面接・AI面接・動画録画面接（ビデオ面接）の実際

新型コロナウイルス感染症の影響などもあり、自治体によっては面接官と受

験者が対面しないWeb面接などが実施されるようになりました。こうした面接は、対面面接の対象者を事前に絞るために実施するという意味もあります。しかし、いずれにしても試験における面接との位置づけに変わりはないので気を抜くことはできません。こうした面接には、特有の注意点もあるので、従来の対面面接しか知らない受験者は悩むかもしれません。そこで、新しい面接方法についても、確認しておきましょう。

Web面接

Zoomなどの Web会議システムを用いて面接を行うものです。画面を通じてではありますが面接官はいるので、服装や話し方などは、基本的には対面と同様に注意する必要があります。

注意点としては、①パソコンや通信環境などを確認しておく、②周囲の騒音やスマートフォンの通知音などが入らないようにする、③部屋の明るさに注意する、などがあります。Web面接当日前に、こうした点については確認しておきましょう。

AI面接

人間の代わりにAIが面接を行うものです。実施例はYouTubeなどに掲載されているので一度見てみてください。**質問は、人間が行う内容と同様で、基本的な準備は変わりません。**

AI面接の導入理由は、AIにより評定基準が公平公正になる、受験者の都合のよい時間・場所で面接できる、などがあります。なお、パソコンではなく、スマートフォンで行われる場合もあるので、バッテリー切れなどに注意することはもちろん、声が小さくならないように配慮する必要があります。

動画録画面接（ビデオ面接）

あらかじめ指定された質問に対する回答を受験者が録画し、そのファイルを自治体に送るものです。このため、**撮り直しも可能**です。この方式が導入される理由としては、受験者の都合のよい時間・場所で面接できる、自治体は受験者が納得した内容を知ることができる、などがあります。

社会人・経験者なら知っておきたい
公務員のジョーシキ

議会

各自治体には議会があります。ご存じのとおり、国は議員内閣制ですので、内閣総理大臣は、国会で国会議員の中から指名されます。しかし、地方は首長も議員も選挙で選ばれる二元代表制です。議会は自治体の議決機関ですので、条例の制定などの重要なことは、首長が勝手に決められず、議会の同意などが必要となるのです。

……と、ここまでは教科書的な説明ですが、受験者である皆さんにとっては、議会での発言や議会に提出される資料が、自治体研究にとってはとても参考になることを知っておいてほしいのです。ここでは、2点について説明します。

1点目は、所信表明・議会招集挨拶です。これは、首長が、議会が開会されたときに冒頭に述べるものです。この中には、そのときどきの自治体の課題や首長の認識が述べられています。このため、手っ取り早く自治体の状況を知るにはうってつけなのです。これらはホームページや動画などで知ることができます。

2点目は、議会答弁です。これは、議員の質問に対して、首長や幹部職員が答えるものです。たとえば、特定の課題について調べたい場合、議会の議事録検索でキーワードから調べることができます。ぜひ活用してみてください。

社会人・経験者採用の論文対策

ぶっつけ本番なんてとんでもない！論文攻略の鉄則

Chapter 5

メール、SNS、報告書、新聞、雑誌……。私たちが文章に触れない日はありません。だから、「論文なんて楽勝だ」と誤解しがちです。しかし、無対策で論文試験に臨めば、ツボを外したシロモノになるか、半分の量も書けないか、逆に時間切れで未完成に終わるに違いありません。論文試験にもちゃんとポイントと攻略の鉄則があるんです！

Report 1

文書主義だから論文が重視される

公務員試験で論文が課されるのは

公務員の仕事は文書主義に基づいて行われる

↓

文書を書けない公務員は困るので、論文が受験科目になっている

社会人・経験者採用試験ではさらに

論文を通じて「社会人としての経験を通じて培った専門知識・能力、思考力、構成力（受験案内より）」が問われる

↓

単に文書を書ければよいというのではなく、職務経験等を踏まえた内容が求められている

文書を書けない公務員は困る

公務員採用試験では、多くの自治体で論文試験があります。少子高齢化などの行政課題や「あなたの経験が公務員としてどのように活かせるか」という個人的なものなどをテーマにして、おおむね800～2,000字の論文を受験者に書かせます。なぜこのような論文を受験者に課すのでしょうか。

答えは、公務員の仕事は文書主義に基づいて行われているからです。文書主義とは簡単にいえば、「事案の処理はすべて文書によって行う」ということです。つまり、仕事を行うときは必ず文書を用います。意思決定に当たっての起案文書の作成をはじめとして、住民への周知、上司への説明、会議の資料など、ありとあらゆる場面で文書が必要とされるのです。**「行政事務は文書に始まり文書に終わる」とまでいわれており、文書を書けない公務員は困る**のです。**このため、論文が受験科目になっている**のです。

文書主義のメリット	
	①意思決定過程が明確になる
	②後から事業実績を検証できる
	③責任の所在が明確化される
	④対外的な意思表示が明確化される

職務経験を踏まえた文書が書けるかが評価ポイント

では、論文試験で受験者のどのような点がみられているのでしょうか。これは受験案内から知ることができます。社会人・経験者試験では、おおむね以下のような内容となっています。

課題の種類	みられる点
職務経験を踏まえた課題（多くはこちら）	社会人としての経験等を通じて培った専門知識および能力や、思考力、構成力等についてが評価される
一般課題（まれにこういうところも）	新卒者と同様の課題であっても、そこに社会人・経験者としての視点や考察を加えることで評価につなげる必要がある

このように社会人・経験者試験の場合は、単に文書を書ければよいというものではなく、職務経験等を踏まえた内容であることが求められています。これは新卒対象の試験とは大きく異なる点です。

Report 2

出題テーマは「あなた自身」と「行政課題」

❶ 受験者個人に関するもの

● 例：これまでの職務経験の中で、あなたが最もやりがいを感じたことについて、エピソードを交えて説明しなさい

❷ 行政課題を問うもの

● 例：県民が豊かさを実感できる暮らしを実現するために、県はどのようなことを重点的に取り組むべきか述べよ

❸ ❶と❷の複合問題

● 例：本県の課題を１つ挙げ、それを解決するために、あなたの経験・実績等をどのように活かしていきたいか述べよ

どのテーマでも、社会人や経験者としての認識が問われている

出題テーマは3種類に分類できる

社会人・経験者試験における論文の出題テーマは、左ページのレジュメのようにおおむね３種類に分けることができます。

①「受験者個人に関するもの」は受験者個人の経験などを検証するものです。

- これまでの職務経験の中で、あなたが最もやりがいを感じたことについて、エピソードを交えて説明しなさい
- 自己アピール論文として、社会人経験により培われた知識や能力について
- 上司や同僚とともに組織の一員として仕事を進めるうえで、大切だと考えることについて、あなたの考えを述べよ

このテーマでは、受験者の職務経験や人柄などがどのようなものなのかを詳しく知りたいということもありますが、職業観・公務員観を尋ねて、公務員としての適格性をみているという側面もあります。

社会人や経験者としての認識が問われる

②「行政課題を問うもの」は、一般的に自治体の行政課題を問うものです。

- 県民が豊かさを実感できる暮らしを実現するために、県はどのようなことを重点的に取り組むべきか述べよ
- 市が抱えるさまざまなインフラや施設を整備し、継続的に安心して使用していくには、行政はどのような取組みを行うべきか述べよ
- 社会経済がグローバル化してきた中、県が発展していくために取り組むべき施策について、あなたの考えを述べよ

行政課題は、自治体の施策全体を指すこともありますが、少子高齢化、人口減少などの個別テーマのこともあります。専門職種などでは、さらに細かいテーマが問われることもあります。

③の複合問題の出題例としては、以下のようなものがあります。

- 本県の課題を１つ挙げ、それを解決するために、あなたの経験・実績等をどのように活かしていきたいか述べよ

ここでは、職務経験などと自治体の課題を掛け合わせて答えることが求められていますので、難易度が高いといってもよいでしょう。

いずれの出題パターンであっても、**重要なことは「社会人や経験者としての認識が問われていること」**です。評論家や新卒受験者の立場ではなく、社会人・経験者としてテーマについてどのように考えるか、という点が重要なのです。

Report 3

論文のベースは「公務員としての意思表示」

公務員試験での論文の大原則

大学の卒業論文や研究者の論文とは別物である

論文のポイント

①公務員として意思表明する
- 評論家的な表現は厳禁

②知識は重要でない
- 知識の有無は択一式試験などで判断できるから

③強い個性は必要ない
- 実現不可能な内容は不適当

論文では、公務員として主体的に取り組む意思表示をする

「論文」というと、大学の卒業論文や研究者が発表する論文を思い浮かべる人も多いようですが、公務員試験の論文は別物です。この点を理解しておかないと、原稿用紙に文字を埋め尽くしてもまったくのムダです。

では、公務員試験の論文とはどのようなものなのか、そのポイントをまとめておきます。

第1に、**論文では、公務員として意思表明することが大事**だということです。テーマが「少子高齢化社会におけるまちづくりについて、あなたの考えを述べなさい」だったとします。このとき、「市は保育所を整備すべきだ」「高齢者の生きがいづくりに取り組む必要がある」など、「自治体は～すべき」という評論家的な表現が多いのですが、これは極力避けましょう。

表現としては、「私は公務員として、保育所の整備に取り組んでいく」のように、受験者が公務員として主体的に取り組むことを明確にします。なぜなら、この試験はあくまで採用試験であって、研究者などの論文ではないからです。

受験者が評論家的な表現を用いると、採点官には「自ら取り組んでいこうという受験者の意思」が感じられません。他人事のように語っているとしか思えなくなるのです。

大量の知識や強い個性は論文には必要ない

第2に、**知識は重要でない**ということです。先のテーマであれば、「日本の合計特殊出生率は、××××年に1.30となり～」「△△△△年の日本の高齢化率は28.9％となった」など、論文の中でテーマに関する知識を数多く並べる論文がありますが、「知識が多いこと＝よい論文」ではありません。

論文試験では、採点官は受験者の考えを知りたいのであって、受験者の知識の量をみているわけではないからです。そもそも、知識の有無については択一式試験などで検証できます。

第3に、**強い個性は必要ない**ということです。公務員には公平性・公正性が求められますが、それは論文においても同様です。このため、「定年退職した高齢者がすべて再就職できるよう、自治体は完全なバックアップ体制を構築する」「私は保育所完全入所システムを構築する」のような、奇抜な内容は不要です。行政の現行の施策からみると、とても実現不可能な内容を書くことは、公務員採用試験の論文としては適切ではありません（「そんな無理をいわれても……」と採点官は答案を前に、頭を抱えてしまうでしょう）。

書いてはいけない！「個人情報」と「行政批判」

書いてはいけない①

個人が特定される情報

- 私は○○会社総務課に勤務している春日文生です
- 私は現在、○○不動産第一営業部に勤務しているが～

個人が特定されてしまうと採点に影響を与えるため

書いてはいけない②

行政批判・自治体批判

- 自治体の課題を指摘するため、「○○市の子育て支援施策は遅れている」のような表現をつい使ってしまいがち

個人が特定されることを書いてはいけない

公務員採用試験の論文では、書いてはいけないことがあります。

第１に、**個人が特定される情報**です。

- **私は○○会社総務課に勤務している春日文生です**
- **私は現在、○○不動産第一営業部に勤務しているが～**

などです。前者ははっきりと名前を論文で書いてしまっており、後者は名前を記入しないものの、所属先をはっきり書いてしまっています。いずれの場合も個人が特定できてしまうので、論文の表現としては不適当です。

一見すると、後者は「個人までは特定できないのでは」と思うかもしれませんが、社名や所属先まで記載されていれば、特定可能となるのでやはり適当ではありません。この場合、「私は不動産会社で営業を担当している」など、勤務先や所属先が特定できないような表現にします。個人が特定されてしまうと採点に影響を与えるため、記載してはいけません。

受験する自治体を批判してはいけない

第２に、**行政批判、自治体批判**です。

- **○○市の子育て支援施策は遅れている**
- **○○市の防災対策が不足している**

「そんな批判を書くはずがないよ！」と思うかもしれませんが、実は案外書いてしまうものなのです。

「今後、本市は子育て支援にどのように取り組んでいくべきか、あなたの考えを述べなさい」という出題がなされたとします。この場合、受験者は、「待機児童が依然として多く、保育所が不足している」のような文章を書きます。たとえば、「本市の待機児童は、本年４月現在78人となっており、昨年よりも増加している。依然として待機児童は、本市の大きな課題となっており、子育て支援が十分とはいえない」のように、受験者本人は批判したつもりはなくても、批判したような表現になってしまうのです。

論文では、受験者の意見を書くことがメインになります。このため、「現在の○○市の施策は素晴らしく、問題ありません」では論文にならないのです。どうしても問題点を指摘せざるを得ず、このため批判的な表現になってしまうので、注意が必要なのです。

ちなみにこうした場合、「本市は子育て支援に力を入れて成果を挙げてきたが、依然として次のような課題がある」のような表現が適当です。

Report 5

3部構成か4部構成かは総字数で決める

構成の基本

3 部構成：序章・本論・終章
4 部構成：序章・問題点・解決策・終章

共通の留意点

- 1,500 字以上なら 4 部、1,500 字未満なら 3 部構成
- 各章の冒頭にはタイトルを付ける
- 序章と終章は簡潔にまとめる

文字数配分の目安

3 部構成（1,200 字の場合）
- 序章：200 字、本論：900 字、終章：100 字

4 部構成（2,000 字の場合）
- 序章：300 字、問題点：700 字、解決策：800 字、終章：200 字

3部構成か4部構成で書く

公務員採用試験の論文は、3部構成か4部構成で書くのが一般的です。「必ず3部か4部のどちらかにしなければならない」というルールがあるわけではないのですが、3部か4部で書いたほうが、受験者にとっては書きやすく、採点官にとっても理解しやすいのです。長文を分割せずに書くのは大変難しいですし、読み手にとってもぶっ続けで読むのは非常に重労働なのです。

なお、指定された文字数が1,500字以上であれば4部構成、1,500字未満であれば3部構成にします。

安定の「序章」「本論(問題点・解決策)」「終章」

3部構成の論文は、序章・本論・終章に区分できます。行政課題がテーマであれば、

序章	与えられたテーマが自治体にとって重要な課題であることを説明する
本論	そのテーマに対して受験者の意見を3点述べる
終章	序章と重複しない内容で、再びテーマについて言及するとともに、公務員としての決意表明を述べる

本論で述べる3点は、テーマを3つの視点(たとえば、「住民への影響」「自治体への影響」「自治体職員への影響」など)で考え、それぞれについて受験者が意見(主張)を述べるというものです。

4部構成の論文は、序章・問題点・解決策・終章の4つに区分できます。序章と終章の内容は、3部構成の論文と同様です。問題点では、テーマに対して問題点を3点指摘し、解決策ではその問題点3点の解決策を提示するのです。これにより、より深くテーマについて述べることが可能となります。

なお、両者に共通の注意点として、以下の点があります。

第1に、**各章の冒頭にはタイトルを付ける**ことです。各章の冒頭には「1　本市の少子化の状況」「2　少子化対策の3つの視点」「3　持続可能な社会に向けて」のようなタイトルを付けます。タイトルがあると、各章の概要が一目でわかります。

第2に、**序章と終章は簡潔にまとめる**ことです。論文で最も重要なのは受験者の意見ですから、3部構成であれば本論、4部構成であれば問題点・解決策です。ここに重点を置いて書くわけですから、序章と終章は手短に済ませます(序章と終章ばかりが多く、テーマに答えない論文はダメです)。

Report 6

文章の骨格は「**箇条書き**」と「**論理性**」でつくる

箇条書きで考える

例：本市の高齢化対策について

- 序章：本市にとって、高齢化対策は喫緊の課題である
- 本論：高齢者施設を整備する／介護人材など人手の確保を行う／高齢化に対する職員の意識を高める
- 終章：私は職員として高齢化対策に全力で尽くす

箇条書きを膨らませて論理でつなぐ

序章を例にすると……

①本市の高齢者は年々増加している→②高齢者が増えると社会保障費が増加する→③社会保障費の増加は、市財政に大きな影響を与える→④このため、今から将来を見据えて対応することが必要→⑤高齢化対策は喫緊の課題である

↓

序章の骨格が完成した！

（前後の箇条書きが、論理的につながっていることが重要）

各章の内容を箇条書きにする

論文の文字数は、一般に1,000字程度、多い場合は2,000字にも及びます。この長い文章を、いきなり書き上げられる人は少ないでしょう。そこで、できるだけ短期間で論文の書き方を身につけるためのポイントを紹介しましょう。

まず、**「箇条書き」で考えること**です。「本市におけるこれからの高齢化対策について」をテーマに３部構成の論文を書くと仮定します。

まず、各章の内容を箇条書きで並べます。序章はテーマの重要性を説明するので、簡単に「本市にとって、高齢化対策は喫緊の課題である」とします。簡単すぎると思うかもしれませんが、序章で述べたいことを究極にまとめるとこれだけです。次に本論では３つの視点で自分の意見を述べるので、「ハード」「ソフト」「職員意識」の視点から、「高齢者施設を整備する」「介護人材など人手を確保する」「高齢化に対する職員の意識を高める」の３つとします。最後に、終章は序章と重ならない内容でテーマの重要性や決意表明を述べる部分なので、「私は職員として高齢化対策に全力で尽くす」とします。

これで、各章の概要は決定しました。

箇条書きを膨らませて論理でつなげる

次に、各章の内容をより細かくしていきます。ここでは序章を例に、「高齢化対策は喫緊の課題である」ことをもう少し詳しく説明するために、肉付けをしていきましょう。たとえば、

①本市の高齢者は年々増加している
②高齢者が増えると社会保障費が増加する
③社会保障費の増加は、市財政に大きな影響を与える
④このため、今から将来を見据えて対応することが必要
⑤高齢化対策は喫緊の課題である

という流れが考えられます。このように、**箇条書きだけで、内容を膨らませていく**のです。これにより、論文の骨格ができあがります。後は、実際の文章にするため、さらに内容を膨らませていくのです（先のような思考は、いわば「風が吹けば桶屋がもうかる」式です）。

大事なポイントは、**箇条書きどうしが論理的につながっていること**です。「○○だから、△△となる」「○○となると、◇◇である」「□□である、なぜなら××だから」というように、前後が論理的につながっていることが重要です。この前後がうまくつながらない場合は、論理的でない証拠です。

Report 7

本論で述べる**自分の意見**は**3つの視点**でまとめよう

テーマに対する意見を３つ決める

本論（解決策）をまとめる際、３つの視点をあらかじめ決めておくと考える手間が省ける

３つの視点の例

①ハード、ソフト、職員意識

- ハード：施設などのインフラ
- ソフト：金銭、人的側面、各種サービスなど
- 職員意識：自治体職員の意識啓発

②住民視点、自治体視点、経済・財政視点

- 住民視点：住民からの問題点
- 自治体視点：自治体からの問題点
- 経済・財政視点：財政負担などからの問題点

③緊急性による分類

- 短期的課題
- 中期的課題
- 長期的課題

重要なことは3つにまとめよ

論文が３部構成でも４部構成でも、本論もしくは解決策の部分で、自分の意見を３点述べます。なぜ３点なのか？　一般に、4つ以上になると読み手や聞き手は理解しにくくなるといわれるからです。ビジネスでのプレゼンテーションなどでも「３ポイントルール」として、重要なことを３つにまとめるのが一般的になっているのです。

では、この３点を具体的にどのように定めたらよいでしょうか。３点はあくまで論文の視点なので、単なる受験者の思いつきはダメです。また、試験日当日にその場で考えるというのも困難です。このため、**あらかじめ３つの視点を決めておきましょう。そうすれば、考える手間が省けます**。

いろいろ考えられる3つの視点の例

まず、「**ハード、ソフト、職員意識**」があります。ハードは施設などのインフラです。ソフトは補助金や手当などの金銭や人的側面、各種サービスをいいます。職員意識は自治体職員としての意識啓発などを指します。子育て支援でも高齢化対策でも、行政課題を考える際には、この視点はわかりやすいです。また、ハード・ソフトは住民向けですが、職員は自治体向けなので、明確に視点が異なります。

次に、「**住民視点、自治体視点、経済・財政視点**」があります。待機児童対策を例とすると、住民からみれば認可保育所の整備が最も重要ですが、自治体の経費負担を考えると、たとえば低年齢児用の小規模保育所の整備は認可保育所よりも低額で済みます。さらに経済・財政視点で考えると、施設整備には多大な費用を要するので、認可外保育所やベビーシッターの利用者への補助制度も考えられます。

また、**緊急性による分類**という考え方もできます。これは、与えられたテーマに対して、「短期的に解決するもの」「中期的に解決するもの」「長期的に解決するもの」のように、テーマを緊急性によって分類して、視点を整理するものです。防災対策であれば、短期的には備蓄物資の整備、中期的には隣接市との合同防災訓練実施、長期的には防災センターの建設のように、時間軸によって視点を区分するものです。

以上のように、３つの視点にはいろいろな考え方があります。実際に論文を書かなくても、この視点を考えるだけで論文の訓練になります。

意見はパターンの使い分けで論理的に説明しよう

テーマ

個人情報の取扱いについて、あなたの考えを述べよ

記述例① 一般的ルール＋観察事項＝結論

第１に、[解決策＝リード文] 個人情報の取扱いの基準づくりである。[一般的ルール] 市民の権利利益を守るためには、市民の個人情報を厳格に管理する必要がある。[観察事項] 現職でも顧客の個人情報を取り扱っているが、個人情報を掲載している書類が職場に放置されていたり、個人情報ファイルにパスワードが設定されていなかったりといった問題が起こりやすく、公務員の場合であっても同様の注意が必要である。このため、[結論＝解決策] 個人情報の取扱いの基準を明確化する必要がある。[解決策実施の効果] これにより、個人情報の取扱いがルール化されて、適切に個人情報を管理することができる。

記述例② 解決策を実施する理由・根拠を説明する

第２に、[解決策] 職員の意識の徹底である。[理由❶] 個人情報の取扱いの基準が構築されたとしても、職員がそれを遵守しなければ、個人情報が流出してしまう危険性がある。[理由❷] 現在でも、職員によるUSBメモリの紛失や、メール誤送信による個人情報の流出などの報道がされている。このため、[結論・具体的解決策❶] 職員に対して個人情報に関する研修を実施する。また、[結論・具体的解決策❷] 定期的に、職場において個人情報の取扱いを確認する。[解決策実施の効果] これにより、個人情報の流出を防ぐことができる。

「一般的ルール＋観察事項＝結論」のパターン

３部構成では本論で、４部構成であれば解決策の部分で、自分の意見を述べます。この書き方にはいくつかのパターンがあります。

記述例①は、「個人情報の取扱いについて、あなたの考えを述べよ」というテーマに対する３部構成の論文で、３つの意見の１つ目です。

この意見の構成は、先頭に「第１に、個人情報の取扱いの基準づくりである」と**意見全体の概要を示すリード文**があります。この後、「市民の権利利益を守るためには、市民の個人情報を厳格に管理する必要がある」という一般的なルール（法則）について述べ、次に「現職でも顧客の個人情報を取り扱っているが、個人情報を掲載している書類が職場に放置されていたり、個人情報ファイルにパスワードが設定されていなかったりといった問題が起こりやすく、公務員の場合であっても同様の注意が必要である」という観察事項を記述しています。

この一般的ルールと観察事項を組み合わせて、「このため、個人情報の取扱いの基準を明確化する必要がある」という結論を導いています。そして、その実施により見込まれる効果、「これにより、個人情報の取扱いがルール化されて、適切に個人情報を管理することができる」と書きます。これは一般的な意見の構成で、**一般的ルール＋観察事項＝結論**となるのです。「ネコはネズミを追う」（ルール）＋「タマはネコだ」（観察事項）＝「タマはネズミを追う」（結論）で知られる演繹法・三段論法です。

解決策を実施する理由・根拠を説明するパターン

記述例②は、同じテーマの２つ目の意見です。ここでは、リード文である意見「第２に、職員の意識の徹底である」を実施する**理由・根拠を説明**しています。つまり、①個人情報の取扱いの基準が構築されたとしても、職員がそれを遵守しなければ、個人情報が流出してしまう危険性がある、②現在でも、職員によるUSBメモリの紛失や、メール誤送信による個人情報の流出などの報道がされているとの理由から、「意識の徹底」が必要だと主張しているわけです。そのうえで、③職員に対して個人情報に関する研修を実施する、④定期的に、職場において個人情報の取扱いを確認する、という具体的な方法を提示しているのです。

リード文の「職員の意識の徹底」が解決策の概要とすれば、③と④は具体的な解決策の内容となります。このように、**解決策が具体的であれば、採点官を納得させることができます。**

序章と終章はパターン化で対応しよう

序章の書き方

記述例①：今後予想されることを述べるパターン

　20××年△月現在、本市の高齢者は43,000人を超えており、今後も増加が見込まれている。高齢者の増加は、社会保障費の増加に直結し、今後の市財政に大きな影響を与える。このため、今から将来を見据えて対応することが必要である。まさに、高齢化対策は本市の喫緊の課題である。

（テーマ「本市における今後の高齢化対策について」）

記述例②：テーマの背景を述べるパターン

　20××年の台風19号は死者99名、家屋の全壊も3,000戸を超え、大きな被害をもたらした。また、同年には震度5弱を観測する地震も発生し、市民が改めて防災の重要性を認識する年となった。市民の生命と財産が守られなければ、どのような施策も無為となってしまう。まさに、防災対策は喫緊の課題である。

（テーマ「防災対策として本市が取り組むべきこと」）

終章の書き方

記述例③

　人生100年時代といわれる現在、多くの市民が定年後も長い時間を地域で過ごすこととなる。そうしたときに、心身ともに健康で暮らすためには、経済的な問題はもちろんのこと、精神的・肉体的な健康づくりも極めて重要となる。すべての市民が本市に住んでよかったと思えるよう、私は市職員として、全力で高齢化対策に取り組んでいきたい。

（テーマ「本市における今後の高齢化対策について」）

序章の書き方

序章と終章の内容は、3部構成でも4部構成でも変わりません。この書き方はパターン化できます。なお、ここでは行政課題を取り上げます。「これまでの職務経験を、公務員としてどのように活かせるか述べよ」のような受験者個人に関する問題の場合については、Chapter 4を参照してください。

序章の目的は、与えられたテーマが行政にとって喫緊の課題であることを説明することです。そのためには、**①今後予想される事態を書く、②テーマの背景を述べるなどのパターンがあります**。

①今後予想される事態	与えられたテーマについては「今後○○や△△などの問題が起こること予想される。だから、このテーマは喫緊の課題だ」ということを説明する
②テーマの背景を述べる	与えられたテーマについては「過去に○○や△△などの問題があり、住民や行政に大きな影響があった。だから、このテーマは喫緊の課題だ」と述べる

つまり、①は未来を、②は過去をみて、テーマの重要性を述べているのです。

終章の書き方

終章の目的は、序章と重ならない内容でテーマの重要性について再度言及するとともに、公務員としての決意表明を書くことです。

記述例③は、記述例①と同じ「本市におけるこれからの高齢化対策について」のテーマで書かれた終章です。注目してほしいのは、①（序章）と同じ内容を書かずに、テーマの重要性を説明していることです。①では、市の財政に言及しているのに対し、③（終章）では、市民の視点になっています。このように、**同じテーマの重要性を説明するのであっても、序章と終章では内容を変える必要があります**。

多くの論文を採点していると、序章と終章が同じ内容であることが非常に多いのです。同じ内容では、採点官としても高評価は付けられません（だって、同じことを繰り返しているだけなので……）。ちなみに、終章の最後には、例にもあるように**公務員としての決意表明を述べます。これは、最後に1行を加える程度で十分です**。長々と書く必要はありません。

「～と思う」は使わず、「～だ」でズバッと断定しよう

論文の違いに注意

大学の卒論、研究者論文
- テーマに対して第三者的な立場から記述

公務員採用試験の論文
- 公務員として行うことを記述
- 論文は公務員になるに当たっての誓約書

使える表現・使えない表現

◎「～だ」「～である」と断定する
- 「～と思われる」「～と考えられる」などの婉曲的・推測的な表現は使わない

◎「～を行う」「～に取り組んでいく」など主体的な表現をする
- 「～すべきだ」「～が求められている」などの第三者的な表現は使わない

評論家・研究者にならず、公務員になったつもりで書こう

公務員試験における論文は、大学の卒業論文や研究者が発表する論文とは異なります。これに関連して、論文の表現で注意してほしいことがあります。それは、論文を書くスタンス・姿勢として「評論家にならない」「研究者にならない」ということです。

大学生の卒業論文、研究者が学会で発表する論文の書き手、つまり、大学生、研究者などは、テーマに対して第三者的な立場から記述します。このため、表現が「～と考えられる」「～と思われる」「～すべきだ」など、テーマから一歩引いた推測的な表現や、第三者的な表現となります。

しかし、公務員試験では受験者の評論や第三者的な意見を聞きたいわけではないのです。たとえば、出題テーマが「あなたの経験は公務員としてどのように活かせるのか」など受験者個人に関するものであれば、「公務員になって何をしてくれるのか」を知りたいわけです。行政課題でも同様です。「今後の人口減少対策について」であれば、人口減少という行政課題に対して、「受験者はどのように考え、何をしてくれるのか」を知りたいのです。

このため、受験者は公務員になったつもりで表現します。具体的には、論文では**「～と思われる」「～と考えられる」などの婉曲的・推測的な表現を避け、「～だ」「～である」と断定**します。また、「～すべきだ」「～が求められている」などの第三者的な表現を用いず、公務員として「～を行う」「～に取り組んでいく」など主体的な表現を用います。

論文は公務員としての誓約書、大風呂敷は広げない

試験当日に与えられたテーマを評論、評価、議論するのでなく、「公務員として行うこと」を書きます。つまり、**公務員試験における論文は、公務員になるに当たっての誓約書**と考えるとわかりやすいかもしれません。

たとえば、テーマが「少子高齢化対策」であれば、受験者が自治体の少子高齢化対策の担当者になったつもりで、どのような事業を実施していくのかを述べるのです。これが、論文で最も重要な受験者の意見に該当します。

ただし、まるで首長のように「あれも、これもやります」「これで問題は解決します」のような、大風呂敷を広げることがないよう注意してください（ときどき、選挙公約のような論文もお見かけしますが……）。出題される行政課題は長年自治体が抱えている大きな課題ですから、一朝一夕に解決できるものではないのです。

悪文追放！簡潔明瞭な文章を書くヒント

こんな論文は評価されない

実際の試験で書かれる論文には、意味不明な文章、主語と述語がつながらないなど、日本語として問題のあるものが非常に多い

簡潔明瞭な文章を書くには

①一文は短文にする
- 無理に文章をつなげると一文が長文になり、意味不明になる

②修飾語は必要最小限にする
- 修飾語が多すぎると文章の意味がわかりにくくなる

③簡潔明瞭な文章にするには「箇条書き」思考が有効

一文は短文にする、小難しい文章はいらない

採点官に論文の内容を的確に伝えるためには、簡潔明瞭な表現であることが大事です。毎年、多くの論文を採点していた立場からすると、**意味不明な文章、主語と述語がつながらないなど、論文以前に日本語として問題のあるものが非常に多い**のです。そこで、次の点に注意してください。

１つ目は、**一文は短文にすること**です。論文そのものが非常に長い文章になりますが、その中の一文自体が大変長いものがあります。たとえば、1行20字の原稿用紙で３行以上にわたる文章です。これはとても読みにくいのです。

一文が長文になってしまうのは、無理につなげるからです。「○○は△△との指摘もあるが、一方で□□との評価もあり、結局のところ、◇◇と考えられる」のようなものです。これでは、研究者の論文の表現になっています。

採点官は、「受験者が公務員として何をしてくれるのか」を知りたいのですから、このような小難しい文章は求めていないのです。また、「論文は難しく表現しなければならない」と誤った認識を持つ受験者がおり、わざと一文を長くする人もいます。しかし、意味不明なので、高評価にはなりません。

修飾語は必要最小限に抑える、修飾語過多は悪文の典型

２つ目は、**修飾語は必要最小限にすること**です。

> バブル崩壊直後の1990年代から続く「失われた30年」といわれる未曽有の経済危機と、それに伴う消費者の購買意欲の減退や新型コロナウイルス感染症の影響による飲食店の営業休止などは市財政に大きな影響を与え……（略）

のような文章です。市財政への影響について、さまざまな視点から述べようとして修飾語を並べすぎです（例文は悪文として掲載していますので、書いている筆者自身にも意味不明です）。

これでは採点官には理解できません。簡潔に、「『失われた30年』は、市財政に大きな影響を与えた」などで十分です。ダラダラと長い文章は、一見すると「難しいことを書いている」ように見えますが、結局、採点官は何を書いているのか理解できません。小難しいことを書こうと変な修飾語を付けず、修飾語は必要最小限にしてください。

表現を簡潔明瞭にするためには、「箇条書き」思考が有効です。箇条書きではダラダラ長く書けませんので、不必要な文言はそぎ落とされるのです。箇条書きで考えて、実際の文章にする際は、必要最小限の修飾語を付け加えれば、一文は短文になります。

減点されない、恥をかかない
原稿用紙の使い方

原稿用紙の使い方の基本

①横書きと縦書きを間違えない

②句読点、括弧、記号は原稿用紙の１マスを用いる

「休日は、ポチと散歩に行こう！」と決めた。

③句読点や閉じ括弧は行頭に用いない

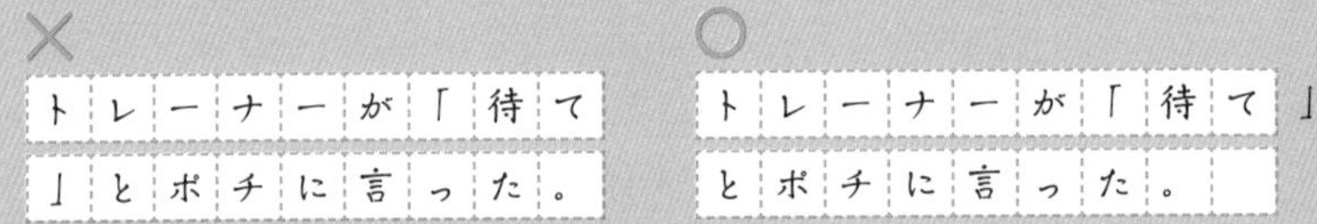

トレーナーが「待て
」とポチに言った。

トレーナーが「待て」
とポチに言った。

④段落の冒頭は１マス空ける

　休日はポチと散歩に行こう。

⑤数字は２つで１マス（横書きの場合）

東京から大阪まで約500km あるが、北海道まで
はその2倍の約1000km ある。

⑥訂正の方法にも注意する

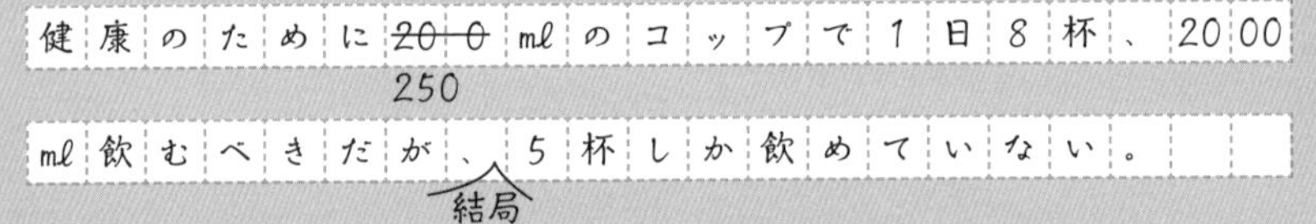

健康のために200 mlのコップで1日8杯、2000
250
ml飲むべきだが、5杯しか飲めていない。
結局

文字数のカウント方法

文字数は、実際に書いた文字数ではなく、使った行数で計算される

● 例：１行 40 字の原稿用紙で 30 行を使えば 1,200 字となる（改行後の空白マスも算入される）

句読点の使い方などに注意する

論文試験で、正しく原稿用紙を使うことは基本です。間違えれば減点の可能性がありますので、注意が必要です。

①横書きと縦書きを間違えない

横書き・縦書きは指定されているので、指定された方法で記入します。

②句読点、括弧などは1字として数え、原稿用紙の1マスを用いる

句点（。）、読点（、）、括弧（「　」）、記号などは1字として数え、原稿用紙の1マスを用います。括弧（「　」）については、他の文字と一緒に記入している答案を見かけますが、原則は1マスを用います。

③句読点や閉じ括弧は行頭に用いない

句読点、閉じ括弧（」）は行頭に用いず、前の行の最後のマスに他の字と一緒に記入するか、マス外に書きます。

④段落の冒頭は1マス空ける

改行して新たな段落を書き出す場合には、行の最初の1マスは空欄にします。ちなみに、まったく改行しない論文は読みにくいので、避けましょう。

数字の書き方、訂正の方法にも注意

⑤数字とアルファベットは書字方向によって書き方が異なる

横書き原稿用紙	
数字	算用数字を使う（2024年）。1マスに2文字
アルファベット	大文字は1マスに1文字、小文字は1マスに2文字
縦書き原稿用紙	
数字	漢数字を使う（二〇二四年）。1マスに1文字
アルファベット	基本は使わない。使用する場合は、大文字は1マスに1文字。小文字は1マスに2文字とし、横に寝かせて書く

⑥文字を訂正する方法

文章の修正が必要な場合があります。マス目が不足しているときには、「∧」や「∨」を使って修正します。採点官にわかるようにはっきりと記述します。なお、修正は最小限にすべきで、欄外に大幅な修正をすることは避けます。

⑦空白の行や列を作らない

たとえば、章と章の間に勝手に空白の行を作っている論文がありますが、これは単に文字数稼ぎのようにみられます。また、原稿用紙の左側1列目を空白にしている論文なども不可です（冗談ではなく、実際にある話です！）。

Report 13

読めない論文は論外！字は下手でもいい丁寧に書こう

字は丁寧に書く

採点官が読めなくては論文を採点できない

↓

必ず字は丁寧に書く（上手な字である必要はない）
読めない字、殴り書きはダメ！

論文練習時の注意点

①必ず手書きで練習する
- ペンで文字を書く機会が少なくなり、長時間書けない人が多い
- 実際にどのくらいの時間で論文を書き上げられるかを検証する

②クセ字や文字の濃さに注意する
- クセ字は自分では気がつかないので、論文を書いたら他人に読んでもらう
- 書き上げた論文はコピーされて複数の採点官が採点するので、文字が薄いと読めない

読めない字では採点できない。字は丁寧に書こう

字は丁寧に書いてください。「上手な字」ではなく、「丁寧な字」です。**文字の上手・下手は関係ありませんが、採点官が読めない文字では困ります。**

試験当日、受験者が非常に緊張し、焦っていることは十分わかります。しかし、採点官が「読めない」「解読できない」文字では、採点できません。受験者は、採点官が読める文字となるよう、気を配ってください。殴り書きや乱暴な文字では、そもそも採点官は、受験者の姿勢に疑問を持ってしまいます。「文字が汚いだけで、採点が厳しくなる」との噂（?）もあります。

手書きで練習する、クセ字・薄い文字は要注意

次の２点に注意してください。

第１に、**必ず手書きで練習してください**。論文の勉強を始めた頃は、多くの人はパソコンで文書を作成すると思いますが、試験直前には必ず手書きで練習してください。

近頃、ペンを握って長時間、文字を書く機会がぐっと減りました。パソコンだけで論文の練習をして、試験当日にいきなりペンを持って原稿用紙に文字を書こうと思ってもうまくいかないでしょう。「長い時間、ペンで文字を書き続ける」力がないのです。また、ペンで論文を書き上げるのに実際にどれだけ時間がかかるのかも、把握しておいてください。

第２に、**クセ字や文字の濃さに注意してください**。日本語の「へ」が「１」に見えたり、「て」が「７」に見えたりする答案が実際にあります。意外に、本人はクセ字に気がつかないものです。社会人や経験者の皆さんですから、それほどひどいクセ字はないと思いますが、念のため論文を書き上げたら他人に一読してもらったほうがよいでしょう。

文字が薄い答案も非常に困ります。通常、論文は複数の人間が採点するので、答案用紙をコピーします。このため、もとの文字が薄いとコピーした文字がかすれて読めないのです。

「採点官に読んでいただく」つもりで論文を書きましょう。受験者にとっては、自分の論文を書き上げることで頭がいっぱいだと思います。しかし、数十、場合によっては百本を超える論文を採点する採点官の立場からすると、「読めない字」「読みにくい字」は本当に困るのです。

「時間配分」「完成」最優先で論文試験に臨もう

時間配分に注意する

時間配分はあらかじめ明確にしておく
①論文の構成を考える（○分）
②論文を書く（○分）
③論文を見直す（○分）

論文の完成が最優先

- 構成が十分でなくても、時間が来たら書き始める
- 最後に必ず見直す（誤字脱字を修正し、減点を防ぐ）

構成を考え、実際に書き、そして見直す

試験時間は限られていますから、**①論文の構成を考える（○分）、②論文を書く（○分）、③論文を見直す（○分）と、時間配分を明確にしておいたほうが無難**です。また、論文を実際に手書きした場合、どの程度時間を要するのかについても、事前に把握しておきましょう。

試験当日は初めて問題を見るわけですから、いきなり原稿用紙に論文を書き始めることはできません。「箇条書き」思考で、大まかな論文の構成を考えたうえで、実際に論文を書き始めることになります。その際、構成を考えることばかりに時間をとられてしまい、実際に書く時間が足りなくなって途中で終わってしまったのでは困ります。

時間が来たら構成が不十分でも書き始めよう

あらかじめ設定した構成の時間を過ぎたら、仮に十分に構成ができていなくても、論文を書き始めることも必要です。論文がどんなに立派な内容であっても、原稿用紙に表現されていなければ採点できません。このため構成に見切りをつけ、書き出すのです。

書きながら新たなことを思いついたり、方向性を変更したりすることもあります。ただ、それは書きながら考えていくしかありません。いずれにしても、論文の構成を考えることだけにとらわれて、時間を浪費してしまうのは避けましょう（それでは、元も子もありません……）。

これまで説明してきたように、**序章や終章については、あらかじめパターン化しておけば、考える手間も省けて時間の節約につながります**。この点からも、序章や終章のパターン化はとても大事なのです。

なお、**書き上げた論文は必ず見直す**ようにしてください。「誤字脱字がある」「字が読めない」「論理的に飛躍がある」など、書いているときには気がつかなった減点対象が必ず見つかるからです。

特に、注意してほしいのは、多用する用語の間違いです。ある論文で、「人口減少」が「人口減小」と誤字のまま繰り返されたものがありました。このように、キーワードに誤字が含まれていると、結果、答案には誤字が何度も登場するので、大きな減点につながってしまうのです。1回でも見直しておけば、こうしたミスは避けられます。答案は必ず見直してください（1回の見直しで減点が減らせるならば、コストパフォーマンスもよいですよね～）。

Report 15

想定外のテーマがきたっ！窮地を救う2つの方法

不合格論文とは

テーマを無視している。テーマに答えているつもりがずれている

試験当日のテーマに対応できないときの対処法

①「箇条書き」思考で考える

- 例：少子高齢化→高齢者が増える→認知症や寝たきりが増える→認知症予防や介護予防の取組みを行う

②自分が答えられる内容に当日のテーマを結び付ける

- 当日のテーマから、自分が答えられる内容へ結び付ける

テーマに答えていない論文は不合格論文

論文は与えられたテーマについて答えることが必要です。しかし、**実際にはテーマに答えていない論文が結構あります**。大きく２つのパターンがあり、一つは当日出されたテーマをわざと無視して、自分が準備してきた論文を書くというものです。テーマに答えていないので、もちろん合格論文にはなりません。

もう一つは、**受験者はテーマに答えているつもりだが、実際にはテーマから外れてしまっている論文**です。「少子高齢化社会のまちづくり」がテーマの場合、

> 少子高齢化に伴い、生産年齢人口が減少する。このため、これまでの生産力を維持するためには、①外国人の受け入れ、②女性活躍の場の確保、③ AI の活用が重要である

などの論文です。これは、「少子高齢化社会のまちづくり」ではなく「生産力維持のための取組み」です。つまり、論文を書き進めるにつれて、テーマである「少子高齢化社会のまちづくり」が忘れられ、いつの間にか「生産力維持のための取組み」にテーマがすり替わってしまったのです。こうした場合も「テーマに答えた論文とはいえない」と判断しますので、低評価になります。

想定外のテーマが出題された！　そんなときは

受験者からすると、「試験当日のテーマがよくわからない。でも何とかしなくては」と思うことがあるはずです。この場合の対処法をまとめておきましょう。

第１に、**「箇条書き」思考で対応する**ことです。

> ①少子高齢化→②高齢者が増える→③認知症や寝たきりが増える→④認知症予防や介護予防の取組みを行う

第２に、**自分が答えられる内容に当日のテーマを結び付ける**ことです。「地域の協働」は十分知っているものの、「少子高齢化」には詳しくないとします。このような場合、

> 少子高齢化の進行→核家族化により、少ない子供たちがさらに孤立する→**地域の協働が重要**
> 　または
> 少子高齢化の進行→高齢者が多い→多くの高齢者が生き生きと暮らせる地域社会が必要→**地域の協働が重要**

の協働が重要」という主張で、論文を書き進めることができます。

Report 16

論文の評価基準は「問題意識」「論理性」「表現力」

論文の評価基準

「問題意識」「論理性」「表現力」の３点に集約できる

①問題意識

- 論文の内容が公務員としてふさわしいものか
- 社会人・経験者としての認識を持っているか

②論理性

- 受験者が論文の中で主張する認識・考えを、論理的に説明できているか

③表現力

- 問題意識や論理性を、的確に文章で表現できているか

論文の評価基準は3点に集約できる

自治体によって多少異なりますが、**公務員採用試験における論文の評価基準は、「①問題意識」「②論理性」「③表現力」の３つに集約できます**（なお、Chapter 3では「評定」と「評価」と言葉を使い分けましたが、論文では「評価」のみとします）。このほか、判断力、構想力、構成などを評価基準とすることもありますが、これらは先の３点をもう少し細かくしたものとなります。このため、受験者は、論文の評価基準は先の３点と考えてもらって構いません。

非論理的な展開、不明瞭な文章には要注意

３つの評価基準の内容をより詳しくみてみましょう。

①問題意識	**論文の内容が公務員としてふさわしいものか、また社会人・経験者としての認識を持っているか**

前者については、公正中立が求められている公務員の論文であるのに、極端に偏った内容になっていないかということです。後者については、新卒とは異なり、社会人・経験者として、テーマに対して深い認識・考えを持っているか、ということになります。

②論理性	**受験者が論文の中で主張する認識・考えを論理的に説明できているか**

論文の中の主張が、単なる受験者の思いつきなどではなく、理由や根拠を挙げて自分の主張を説明できているかということが問われます。

論理的に説明するとは、先のように理由や根拠を明確にするほか、「ネコはネズミを追う。タマはネコだ。だから、タマはネズミを追う」のような三段論法など、論理的な説明にはいくつかの方法があります。文章の中で論理的飛躍があったり、矛盾があったりすれば、それは論理的な文章とはいえません、採点官は「論文ではない」と判断しますので、注意してください。

③表現力	**問題意識や論理性を文章で表現できているか**

いくら立派な問題意識や論理性を持っていても、それをきちんと文章で表現できなければ読み手には通じません。「原稿用紙の中で的確に記述されているか」という点がポイントになります。

受験者は、３つの評価基準をきちんと理解しておくことが必要です。論文は長文になるので、どうしてもペンの勢いで論理的でなくなったり、一文が長すぎてわかりにくかったりする論文が結構あるのです。

Report 17

採点するのは自治体職員か専門業者

採点の手順

①論文はコピーされ、複数（通常は２人）の採点官に渡される
②採点官は、先に総合評価の得点を決め、その後個別評価に点数を割り振る

採点の評価方法

絶対評価が基本だが、相対評価が行われることも

- 絶対評価：集団内での順位にかかわらず、個人の能力に応じてそれぞれ評価する方法
- 相対評価：受験者を成績優秀な者から順位づけする方法

論文は自治体職員か専門業者が採点する

受験者が書き上げた論文は、誰が、どのように採点するのでしょうか。

採点者は、当該自治体職員の場合と専門業者の場合があります。当該自治体職員の場合は、課長以上の管理職が主に行うことになるでしょう。管理職は、自分が採用されたときにはもちろんのこと、課長に昇任するために受験する昇任試験でも論文試験があったために、論文に慣れているのです。さらに、文書主義によって、業務の中で文書と向き合うことが多いので、こうした論文の採点にも慣れているのです。

専門業者については、採用試験の問題を作成したり、論文採点や面接官を行ったりする業者がいて、そうした業者に論文採点をまとめて委託していることもあります。ここでは、自治体職員が採点する例について説明します。

総合評価の後、項目別の個別評価が行われる

受験者が書いた論文はコピーされて、複数（一般的には２人）の採点官に渡されます。１人の採点官では評価が偏ってしまう可能性があるため、複数の採点官が評価して点数を決めるのです（２人の採点の平均点もしくは合計点）。

採点には、個別評価と総合評価があります。たとえば、個別評価は問題意識、論理性など５項目各20点などとすれば、総合評価は合計で100点となります。採点官は、受験者の論文を読み、まず総合評価の得点を決めます（たとえば、「80点だな」など）。そして、個別評価に点数を割り振るのです（「合計は80点だから、問題意識は15点、論理性は10点で……」など）。

このように、**論文の採点は個別評価をして合計を決めるのではなく、まず総合評価が先**なのです。なぜなら、論文は全体の印象が重要なので、個別評価から先に採点しまうと、結果的におかしなことになってしまうのです。

個別評価も総合評価も、客観的に点数が決められるものでなく、あくまで採点者の主観になってしまいます。このため、先に総合評価を決めないと、つじつまが合わなくなってしまうことがあるのです。

また、Chapter 3でも触れましたが、論文でも相対評価を行うことがあります。どうしても受験者に差をつける必要がある場合（論文と面接の得点だけで合格者を決めるようなケース）、たとえばA～Eのようにグループに分け、Aは80点以上、Bは60～79点のように、あらかじめその点数に収まるように採点します。各グループには人数が定められ、受験者が正規分布になるようにするのです。

Topic 総合評価と採点官コメント付き 実例から学ぶ合格論文例

合格論文例として７つの論文を紹介します。

File 1	これまでの経験を公務員としてどのように活かせるのか述べよ
File 2	本市の課題を１つ挙げ、それを解決するため、あなたの経験や実績をどのように活かすのか述べよ
File 3	あなたがこれまでに成果を挙げたと思う実績について述べよ
File 4	ワークライフバランスの実現について、あなたの考えを述べよ
File 5	住民サービスの向上について、あなたの考えを述べよ
File 6	人口減少対策として、本市は何を行うべきか、あなたの考えを述べなさい
File 7	効率的・効果的な行財政運営について、あなたの考えを述べなさい

論文の要点には Point & Keyword として解説を付しました。ポイントは各 Chapter で取り上げた話題に関連するものです。課題の多くは今日的な視点を含んでおり、特に論文の根幹をなすキーワードには解説を加えましたが、普段から時事問題やテーマには関心を持って対策してください。

各論文の末尾には５つの評価項目に基づいた評価および総合評価と、採点官からのコメントを掲載しています。評価項目の内容は次のとおりです。

評価項目	説明
問題意識	● 論題となった社会事象や行政課題に対する公務員としての問題意識 ● 自治体等の現状とのギャップを分析する力
論理力	● 課題解決の方向性 ● 解決策における論理の組み立てと展開する力 ● 各部相互の関連性や論理矛盾を精査する力
表現力	● 解決策における具体性（5W1H）と実現可能性 ● 借り物でない自らの言葉・表現 ●「時事問題」としての新鮮さ
意欲	● 自ら立案した解決策を実現する方策・説得力 ● 危機管理能力・即応力 ● 独自性・オリジナリティ
文章力	● 簡潔・明瞭 ● 規定文字数 ● 誤字・脱字 ● 原稿用紙の使い方

評価はＡ～Ｅの５段階によって行っています。

評価	内容
A	優れている
B	比較的優れている
C	普通
D	大改造が必要
E	基礎からの勉強を要する

File 1

これまでの経験を公務員としてどのように活かせるのか述べよ（1,000字）

❶不祥事の報道
このように時事問題を活用することは有効。

❷住民福祉の向上
地方自治法1条の2には、「地方公共団体は、住民の福祉の増進を図ることを基本として、地域における行政を自主的かつ総合的に実施する役割を広く担うものとする」と規定されている。

❸私が従事していた前職
「これまでの経験を公務員としてどう活かせるか」は論文、面接試験を問わず、社会人・経験者試験では重視される。このような民間企業でのエピソードは、論理を展開するうえでも、受験者の経験をうかがえる点でも有効である。

❹稟議
官公庁や会社などで、会議を開くほどではない事案が発生したとき、担当者が案を作成し、関係者に回して承認を求めること。

1　公務員に対する厳しい視線

昨今、市民の公務員に対する視線は非常に厳しい。❶セクシャルハラスメント、公金横領、飲酒運転など、連日、公務員の不祥事が報道されている。また、かつては文書改ざんなどの公文書管理の問題が注目されたこともある。

しかし、こうした厳しい批判は、世間の公務員に対する期待への証ともいえる。住民に信頼されなければ、❷住民福祉の向上は実現できない。公務員は、常に緊張感を持って職務に当たることが求められる。

2　市民目線・スピード感・幅広い視野

私は、このような重要な職務を担う公務員として、これまでの経験を活かし、次のように取り組む。

第1に、市民目線・顧客目線を持つことである。❸私が従事していた前職では、前日に届いたクレームは、翌日に全社員に社内メールで周知されることがルール化されていた。このため、営業や経理などの職種を問わず、顧客目線を持つことが社員全体に徹底された。公務員として職務を行うに当たっても、こうした目線を忘れることなく、市民からの声に常に耳を傾け、市民目線で職務に従事していく。

第2に、スピード感を持って業務に従事することである。前職場では、効率的な業務遂行のための仕組みが定着していた。具体的には、1回の会議は30分以内、チームのスケジュール管理は共有、❹稟議に要する時間の管理などである。私は、こうしたスピード感を意識して業務を行うことができる。このため、公務員になっても、即断即決や住民へのスピーディーな返信など、スピード感を持って業務を行っていく。

第3に、幅広い視野を持つことである。私は、前職在職中、業界以外の方との交流や、講演会やセミナーの参加・読書など、広く自己啓発に努めてきた。社会人になると、どうしても視野が狭くなりがちである。しかしながら、それでは見識が広がらず、さまざまな考えを持つ多様な住民のニーズに応えることができない。私は、今後も自己啓発を忘れず、常に広い視野で考えることを念頭に職務に従事していく。

3　市民に信頼される公務員として

　現在、本市の抱える課題は山積している。全国的な少子高齢化に伴う人口減少はもちろんのこと、防災対策、環境問題、地域活性化など、いずれも待ったなしの状況である。さまざまな行政課題があるが、いずれも目的は住民福祉の向上であり、それを職責とする公務員の役割は非常に大きい。❺私は、これまでの経験を活かし、公務員として全力に職務に当たる所存である。

❺公務員として全力で職務に当たる所存
最後の一文をこのように締めくくると、テーマである「これまでの経験を公務員としてどのように活かせるのか述べよ」に対して、的確に答えていることを採点官にアピールできる。

問題意識	論理力	表現力	意欲	文章力	総合評価
B	A	A	B	A	A

採点官から

「これまでの経験を公務員としてどのように活かせるか」は頻出のテーマです。しかし、この論文でもわかるように、何か特別な経験でなくても構わないのです（そもそも特別な経験を持っている人は少数です）。市民目線・スピード感・幅広い視野のいずれも一般的な内容ですが、これをどのようにアピールするかが大事です。面接でも質問されますので、必ずチェックしておきましょう。

File 2

本市の課題を1つ挙げ、それを解決するため、あなたの経験や実績をどのように活かすのか述べよ

（1,200字）

❶ DX
Chapter 6の Theme 1を参照

❷チャットボット
チャットとボットを組み合わせた言葉で、人工知能を活用した自動会話プログラムのこと。人工知能を組み込んだコンピュータが人間に代わって対話するもので、自治体でもごみの分別方法や各種の申請や手続に関する相談などで活用されている。

❸ RPA
Robotic Process Automationの略で、人が行う定型的なパソコン操作をソフトウェアのロボットが代替して自動化するもの。大量の定型作業を自動化することが可能となり、複数のシステムやアプリケーション間を連携させるような操作も自動化することが可能となる。自治体では、個人番号カード交付管理、住民税申告書の入力、職員の時間外勤務時間の集約・集計や給与明細

1　本市の課題

現在、本市の課題は山積している。防災、福祉、環境など、さまざまな分野で住民ニーズは多様化・高度化している。一方で、生産年齢人口の減少に伴い、本市財政は楽観視できる状況ではない。

このような厳しい財政状況の中で、山積する課題に対応するためには、効率的・効果的な行財政運営は不可欠である。そこで今強く求められるのは❶DXへの取組みである。DXにより住民サービスの向上や効率的な事業執行が期待されており、国も「自治体DX推進計画」等を掲げている。本市においてもDXの推進は喫緊の課題である。

2　DX推進への対応

私は、これまでの経験や実績を活かし、DX推進に対して次のように取り組む。

第1に、住民サービスの向上である。新型コロナウイルス感染症の影響によって顧客ニーズは変化し、現勤務先でも、対面ではなくオンラインコミュニケーションの機会が多くを占めている。このため、オンラインによる住民サービスを向上させる。具体的には、マイナンバーを活用したオンライン手続きはもちろんのこと、市独自のサービスにおいても電子申請を推進していく。また、❷チャットボットを活用し、住民がいつでもどこでも相談できるような体制を整備する。こうした取組みにより、住民サービスを向上させることができる。

第2に、行政事務の効率化である。社内で業務改善PTのリーダーを担ってきた経験を活かし、次の点を行う。ま

ず、AIの活用である。保育所入所処理などでは大幅に時間が短縮できており、さらなるAIの活用を図る。また、大量の定型作業を自動化できる③RPAを、行政のさまざまな分野で導入・推進していく。さらに、職員のテレワークを進める。ICTを用いて時間や場所を有効に活用できる働き方は、業務の効率化だけではなく、感染症や災害の発生時にも有効である。こうした取組みにより、行政事務を効率化することができる。

第3に、職員の育成である。DX推進には、職員の育成が重要である。このため、現在の民間企業での経験を活かし、以下の点を行う。まず、情報セキュリティに対する意識啓発である。個人情報を取り扱う職員は、住民の信頼を損なうことがないよう、これまで以上にセキュリティに対する認識を高める必要がある。また、職員のDXに対する認識を高めるため、研修の実施やPTを編成する。さらに、④CIOの設置や外部人材の導入についても積極的に検討する。こうした取組みにより職員の育成を図ることができる。

3　誰一人取り残さない社会の実現

DXの推進は、住民サービスの向上にとって効果的である。しかしながら、一方で未だにICT機器に不慣れな住民がいることを忘れてはいけない。誰一人取り残されないデジタル社会の実現のためには、⑤デジタルデバイド対策についても市は積極的に取り組んでいかねばならない。

私は公務員として、これまでの経験や実績を活かし、DX推進に全力で取り組む所存である。

の作成など、幅広い分野で活用することができるとされている。

④ CIO
Chief Information Officerの略で、「最高情報責任者」「情報統括役員」「情報システム担当役員」などと訳される。首長の指示系統の明確化等の観点から、副知事や副市長等が任命されることもあるが、外部から任用している自治体もある。

⑤デジタルデバイド
IT（情報技術）を利用できる層とできない層との間で生じる格差のこと。情報格差。

問題意識	論理力	表現力	意欲	文章力	総合評価
A	A	A	A	A	A

採点官から

論文として、ここまで書けていれば問題ないでしょう。なお、こうしたテーマの場合、どのような課題を取り上げれば、自分をうまくアピールできるかという視点も重要です。行政にはさまざまな課題がありますので、広く考えて構いません。ただし、あまりマニアックなもの、視野の狭いものでは困ります。

File 3

あなたがこれまでに成果を挙げたと思う実績について述べよ

（1,200字）

❶概要と背景
序章で「成果を挙げたと思う実績」について、簡潔に説明している。採点官は、「何を実績と考えているのか」を知りたいので、冒頭でこのように簡潔な説明があれば、本論以下をスムーズに読み進めることができる。

❷苦労したことや学んだことなど
本論では、その実績に関して、苦労したことや学んだことを記述している。採点官は、「その実績から何を学んだのか」「実績は、公務員としてどのように活かせるのか」を知りたがっている。つまり、実績の内容そのものも大事だが、そこから何を考え、どのような学びがあったのかも大事なので、あくまで公務員の視点を忘れずに記述するようにする。

1　❶概要と背景

　これまでに成果を挙げたと思うことは、業務の効率化である。前職では、メーカーで商品の受注業務を担当していた。顧客である取引先企業からの注文を受け、社内システムに入力を行っていた。

　それまで、取引先企業が注文する際には、当社指定の書式が用いられ、FAXで送付されていた。しかし、その際に商品の個数や単価に誤りがあることも多く、こちらから電話で確認するなど、無駄な作業が生じていた。

　このため、注文専用のサイトを構築することを上司に提案した。結果的に、その提案は受け入れられ、情報システム部門の協力もあり専用サイトが立ち上がった。これにより、誤発注がなくなり業務が効率化されるとともに、取引先からも「簡単に注文できるようになった」との評価を得た。

2　❷苦労したことや学んだことなど

　上記の実績について、３つの視点から述べてみたい。

　第１に、苦労した点である。業務改善を行うため、社内はもちろんのこと、取引先にも理解してもらうことが困難であった。社内では、直属の上司だけでなく、他部署の同意も必要であった。しかし、従来の注文方法でも大きな問題はなかったことから、反対する声も少なくなかった。しかし、私はこれまでの損失時間の実績などを資料にまとめるなどして、丁寧に説明をした。また、取引先企業の理解を得るため、営業担当と同行して説明を行った。

　第２に、この経験から学んだことである。それは、さまざまな目線を持つことである。今回の業務効率化は、受注担当の問題意識から始まった。しかし、こうした社内の仕組みを変えるに当たっては、情報システム、営業など、さまざまな部署の視点で考えることの重要さを痛感した。会議では反対意見もあり、精神的に参ってしまうこともあったが、ダメ出しされても聞き流せるしぶとさが身についたことは、自分の成長につながった。

第3に、この実績を公務員としてどのように活かせるかである。さまざまな目線を持つことと、しぶとさは住民対応で活かすことができる。住民にはいろいろな人がおり、考えもさまざまである。住民対応に当たっては、さまざまな目線で考えることができる、また、しぶとさは、住民からのクレーム対応で活かせることができる。以前から、❸モンスターペアレントやクレーマーが市役所窓口にも多いと聞いている。その中には、貴重な意見もあるが、独善的な内容もある。私は、これまで経験した多くの反対意見で、否定されることに免疫ができており、激しいクレームにも対応できる。

3　公務員として全力を尽くす

現在、本市は大きく変革の時期を迎えている。高齢化、人口減少など社会構造そのものが変わろうとしている。しかし、いかに社会が変わろうとも、市民が笑顔でいつづけるまちづくりを行うことは、非常に意義がある。

生まれ育ったこのまちを、今後さらによくするため、これまでの経験を活かしながら、❹公務員として全力を尽くしていきたい。

❸モンスターペアレント
学校に対して、自己中心的で言い掛かりともいえるような理不尽な要求、苦情、文句、非難などを繰り返す保護者のこと。

❹公務員として全力を尽くす
終章は締めくくりの部分なので、決意を述べる。「これまでの経験を活かし」と、これまで述べてきた実績を踏まえつつ、決意表明を書く。

問題意識	論理力	表現力	意欲	文章力	総合評価
B	A	A	A	A	A

採点官から

このような問題の場合、単に「自分はこんなことを達成しました！」のような論文が多いのですが、大事なことは、「それが公務員としてどのように活かせるのか」という点です。採点官が読んだ場合に、「公務員として、このような場面で活躍できるな」とイメージできるような内容であることが必要です。

File 4

ワークライフバランスの実現について、あなたの考えを述べよ

（1,400字）

❶テーマの定義
冒頭にテーマの定義を述べる手法は、論文ではよく使われる。

❷期待される効果を示す
提案した解決策を実施したことにより期待される効果を示している。

1　官民ともに求められるワークライフバランス

[1]ワークライフバランスとは、個人の生活と仕事の間の調和を意味する。このワークライフバランス実現できない社会では、「仕事に追われ、心身の疲労から健康を害しかねない」「仕事と子育てや老親の介護との両立に悩む」などの事態が発生してしまう。これでは、働く者一人ひとりの持つ能力を最大限に発揮することができず、社会全体の生産性も高めることができない。こうしたことから、官民問わず、ワークライフバランスの実現が強く求められている。本市においても、その実現は喫緊の課題である。

2　ワークライフバランス実現のために

ワークライフバランス実現のためには、自治体は事業者として自治体職員がワークライフバランスを実現できるよう取組みを行うとともに、広く社会に向けて広報・啓発を行う必要がある。具体的には、次の３点を行う。

第１に、自治体職員の残業削減である。職場によっては、定時退庁しにくい雰囲気があることや、サービス残業が常態化しているとの指摘がある。このため、ノー残業デーの設定、定時一斉消灯などの仕組みを制度化する。また、業務を効率的に執行できるよう、資料の簡素化や不必要な会議の廃止など、業務のあり方を抜本的に見直す。[2]これにより、残業を削減することができる。

第２に、働きやすい環境の整備である。すべての職員が活き活きと働くためには、働く環境の整備も重要である。具体的には、フレックス制や時差出勤制度などの多様な就労形態の検討や、男性の育児休業取得率向上、介護者へのサポートなど、仕事と生活の両立支援に向けた取組みを行

う。これにより、職員の状況やライフサイクルに対応することができ、ワークライフバランスの実現が可能となる。

第３に、事業者や市民への啓発である。市は、ワークライフバランスに関する指標を設定し、その指標を達成した事業者を表彰する。また、こうした事業者については入札で有利となる仕組みを構築する。市民に対しては、❸パネルディスカッションや講演会などでワークライフバランスの必要性を周知するとともに、先の指標を用いて各家庭で簡単にチェックできるようなパンフレット等を作成する。これにより、事業者や市民の意識を高めることができる。

３　公務員として全力を尽くす

積極的にワークライフバランスに取り組む企業は、社員満足度も高く、離職率も低くなるとの指摘もある。また、就活生にとっても、就職先を選択する際の重要な判断材料になっている。現在勤務している職場でも、ワークライフバランスは社員共通の認識である。しかし、実態を考えると、十分に徹底しているとは言い難い面もある。また、近年は新型コロナウイルス感染症の影響に伴い、❹リモートワークが定着するなど、働き方そのものも変化してきた。

官民問わず、活き活きと働くことができ、また能力を発揮できる環境がなくては、本来の目的である生産性の向上にはつながらない。❺ワークライフバランスの実現は、企業や市役所にとっても極めて重要である。私は、本市職員としてワークライフバランスを実現するとともに、市民の福祉向上のため全力を尽くしていきたい。

❸パネルディスカッション
あるテーマについて、複数の専門家（パネリスト）が意見を述べた後に、一般の参加者も交えて進めていく討論会のこと。

❹リモートワーク
社員が会社に出社することなく、会社以外の遠隔の場所で業務を行うこと。

❺終章の目的はテーマの重要性について再度言及すること
序章の「官民問わず、ワークライフバランスの実現が強く求められている」を内容を変えて述べ、公務員としての決意表明をして締めくくっている。

問題意識	論理力	表現力	意欲	文章力	総合評価
A	A	A	A	A	A

採点官から

ワークライフバランスについての視点は２つあり、一つはあなたが公務員としてどのようにワークライフバランスを実現するかであり、もう一つはいかに住民にワークライフバランスを啓発するかです。どちらか一方の視点で書いても構わないのですが、２つの視点を取り入れたほうが、論文の内容に深みが出ます。

File 5

住民サービスの向上について、あなたの考えを述べよ

(1,400字)

❶3部構成
指定文字数が目安の1,500字未満なので3部構成とする。各部の冒頭には必ずタイトルを付ける。

❷重要性の強調
与えられたテーマが重要な課題であることを強調して序章を締めくくっている。

❶1　新型コロナウイルス感染症が与えた影響

約4年にわたる新型コロナウイルス感染症の影響は、市民の生活だけではなく、政治や経済、文化など広範囲にわたった。緊急事態宣言は4回発出され、また、まん延防止等重点措置が取られることもあった。これにより、外出自粛、店舗の休止や営業時間の短縮などが行われた。また、本市においても、公共施設の休止や住民サービスの一部停止などが行われ、住民の生活や行動に多大な影響を与えた。

新型コロナウイルス感染症により、ソーシャルディスタンスや三密を避けるなどが一般的となり、人々の思考や行動にも変化が見られるようになっている。こうした点を踏まえ、❷市としては、アフター・コロナにおける住民サービスの向上について対応することが強く求められている。

2　さらなる住民サービス向上のために

これまでも本市は住民サービス向上に努めてきたが、さらなるサービス向上のために次の取組みが必要である。

第1に、的確な住民ニーズの把握である。新型コロナウイルス感染症の影響により、各種イベントや会議なども見直され、イベントそのものが中止になったり、オンライン開催に変更となったりするケースが見られる。対面の機会が減少し、住民の声を直接聞くことが少なくなった。このため、SNS、メール、広聴はがき、意識調査など、さまざまな機会をとらえて住民の意見を把握することが、これまで以上に重要となってきている。職員一人ひとりがその点を意識し、住民ニーズを的確に把握することが求められる。

第2に、これまで以上に住民目線に立ったサービスの提供である。新型コロナウイルス感染症の影響により、これまでは来庁しなくては手続きできなかったものが、感染拡

大防止のため、❸電子申請や郵送手続きが可能となった事例がある。これは、緊急避難的な対応だった場合もある。しかし、コロナ収束後もそのまま電子申請や郵送手続きを継続し、住民サービス向上に結び付いたケースもある。このように、改めて住民目線に立って、サービスの提供方法などを検討し、住民の利便性を高める取組みが必要である。

第3に、最少の経費で最大の住民サービスを提供する仕組みづくりである。新型コロナウイルス感染症の影響により、企業ではリモートワーク、❹Web会議、時差出勤などが導入された。この結果、従来の出勤体制でなくても、成果を挙げられることが確認されている。本市においても、急きょ在宅勤務なども行われたが、改めて勤務体制や会議のあり方などを検討する必要がある。生産性の高い仕組みづくりができれば、費用対効果を高められ、職員の働き方改革にも資することができる。

3　住民の信頼に応える行政運営

新型コロナウイルス感染症は、改めて自治体の役割を問われるきっかけになったといっても過言ではない。感染拡大防止と住民ニーズを踏まえたうえでのサービス提供、適時適切な広報、限られた職員数での組織運営など、さまざまな課題が浮き彫りになった。

しかし、自治体の責務は住民の生命と財産を守ることにある。社会経済状況が日々変化する中にあっても、確実にサービスを向上させる必要がある。私は公務員として、住民のため全力を尽くす所存である。

❸電子申請
これまで紙によって行われていた申請や届出などの各種行政手続について、インターネットを使って実現できるようにするもの。また、従来の紙による入札情報の入手や入開札までをインターネットを介して行う電子入札も活用されている。

❹Web会議
インターネットを通じて遠隔地をつなぎ、映像や音声のやり取り、資料の共有などを行うシステム。職員が同じ庁内にいる場合であっても、密集を避けるため、自席からWeb会議に参加することもある。

問題意識	論理力	表現力	意欲	文章力	総合評価
A	A	A	A	A	A

採点官から

「住民サービスの向上」はよく出題されるテーマです。特に、新型コロナウイルス感染症の影響に伴い、イベントの見直しや電子申請が広まるなど、サービスのあり方が見直され、従来とは異なってきたことに注意が必要です。また、アフター・コロナに関するものではなく、「非常時における住民サービスのあり方」などの出題も想定されます。

File 6

人口減少対策として、本市は何を行うべきか、あなたの考えを述べなさい

（1,400字）

1　本市の課題

①本市の大きな課題の一つは、少子高齢化の進展に伴う人口減少である。本市の人口は、2003年に12.5万人とピークを迎えたが、それ以降は減少している。市発表の②人口推計では、2040年には10.5万人になるとされている。

人口減少は、社会のさまざまな面に影響を与える。政治面では地方議員のなり手不足、経済面では後継者不在や慢性的な人手不足などである。さらに、地域コミュニティの衰退など、市民生活のあらゆる場面に影響が出てくる。今後は税収減に伴う市財政への影響もあり、行財政運営の根幹にかかる問題である。まさに人口減少は、本市の喫緊の課題である。

2　本市のさらなる発展のために

私は、これまでの経験や実績を活かし、人口減少対策として次の点に取り組みたい。

第１に、③関係人口の増加である。関係人口は、将来の移住者の増加や、市内産業の後継者になるなどの効果が見込まれる。その増加のためには、観光をはじめとした本市のPRをさらに強化することが求められる。これまでも市や④観光協会はさまざまな取組みを行ってきたが、今後はネットを使ったPRや、口コミが拡散する仕組みづくりなど、さらなる取組みが求められる。私は、日頃からSNSを活用し、SNSによる交流も広がっており、その影響力や重要性を実感している。こうした経験を生かすことで、本市のPRをさらに強化し、関係人口を増加させる。

第２に、人口増加の取組みである。本市は全国的に有名とはいえないが、居住市民の満足度は非常に高い。これは、

①本市の課題は人口減少
当該自治体が深刻な人口減少に直面していることを人口推移、人口推計等、具体的な数値とともに指摘しているのは説得力がある。面接対策も含め、自治体の広報紙やホームページでの情報収集を心がけたい。

②人口推計
各自治体が算出している人口推計はホームページなどで必ず確認しておく。細かな数字を覚える必要はないが、10年後、20年後にはどの程度なのかを把握しておきたい。こうしたデータは面接でも役に立つ。

③関係人口
移住した「定住人口」でもなく、観光に来た「交流人口」でもない、地域や地域の人々と多様にかかわる人々のこと。地方圏は、人口減少・高齢化により、地域づくりの担い手不足という課題に直面しているが、地域によっては若者を中心に、変化を生み出す人

安定した気候であること、豊かな自然を有していることなどが理由として挙げられている。これらの魅力を広く全国に周知することにより、UJIターン、定年後の居住先としてアピールし、人口増加の取組みを行っていく。私は長年、本市に居住しており、本市の魅力を肌で感じている。また、前職で広報に関する業務に従事していたこともある。こうした経験を活かして、人口増加に取り組んでいきたい。

第3に、地域における協働の仕組みづくりである。今後は⑤コンパクトシティの構築やインフラの統廃合など、まちそのもののあり方や連携の仕組みが大きく変化していくことも予想される。この状況の中で、引き続き住民一人ひとりが活き活きと暮らしていくためには、これまで以上に地域におけるさまざまな団体の協働が重要であるが、団体間の協働体制はあまり行われていない。たとえば、自分は消防団員であるが、消防団以外の地域活動団体と交流する機会はあまりない。今後は、団体の活動目的に限定せず、さまざまな団体・住民が協働する仕組みを構築していきたい。

3　誰もが幸せを感じられるまちにするために

現在、国は「異次元の少子化対策」を掲げ2024年度から3年間かけ「こども・子育て支援加速化プラン」を集中的に取り組むと発表した。しかしながら、その効果が現れるまでには長い時間が必要であり、本市として早急に人口減少対策を講じていく必要がある。私は公務員として、人口減少対策に全力で対応していきたい。

材が地域に入り始めており、「関係人口」と呼ばれる地域外の人材が地域づくりの担い手となることが期待されている（総務省ホームページから抜粋）。

④観光協会
日本の都道府県や市町村にある団体で、主に観光産業の振興を目的としている。自治体からの補助金と会費収入によって運営され、観光客の誘致や広報活動などを行っている。

⑤コンパクトシティ
商業地や官庁など生活で必要な機能を一定範囲に集め、効率的な生活・行政を目指すまちづくりのこと。これにより、マイカーに頼らず、公共交通機関や徒歩で暮らせるまちにする。

問題意識	論理力	表現力	意欲	文章力	総合評価
A	A	A	A	A	A

採点官から

人口減少対策は、多くの自治体で課題となっており、よく出題されます。人口を増やすためには、①UJIターンの増加、②子育て施策の充実による子育て世帯の転入増加、③企業誘致による転入者の増加、などが考えられます。また、論文にもあるように、人口増加ではなく、人口減少を前提としたまちづくりという視点もあります。さらに、少子化対策として、結婚相談所の設置、街コンの実施、不妊治療への補助、子育て世帯への経済的給付なども考えられます。

File 7

効率的・効果的な行財政運営について、あなたの考えを述べなさい

（1,800字）

Keyword & Point

❶ 4部構成
指定文字数が目安の1,500字を超えるので4部構成とする。各部の冒頭には必ずタイトルを付ける。

❷残存する課題の指摘
このように行政の姿勢を評価する一方で、依然として課題があることを指摘する。

❸歳入確保の取組み
歳入確保の取組みとしては、一般に税の徴収率の向上（差押え、コールセンター等）、自治体財産の活用（広告事業、ネーミングライツ、未利用地の貸付等）などがある。

❹歳出削減
歳出削減の取組みとしては、一般にアウトソーシング（民間委託等）の推進、定員の適正化、各事務事業の検証などがある。

❶1　求められる効率的・効果的な行財政運営

現在、本市の課題は山積している。安全安心のまちづくり、健康寿命の延伸、ユニバーサルデザイン、観光、環境など、解決すべき課題は多い。

一方で、財政状況は厳しい。生産年齢人口の減少に伴い増収が見込めない中、高齢化に伴う社会保障費の増加、上下水道などのインフラ設備の老朽化など、今後の財政状況は予断を許さない。このように、財政状況が厳しい中で、山積する課題を解決するためには、効率的・効果的な行財政運営は必須であり、まさに本市の喫緊の課題である。

2　行財政運営の課題

❷これまでも市は、行財政改革プランの実行など、効率的・効果的な行財政運営に努めてきた。しかし、依然として次のような課題がある。

第1に、❸歳入確保の取組みが十分とはいえない。これまでも市は税の滞納防止のためコールセンターの設置、徴収員の確保などを行い、一定の成果を挙げてきた。しかしながら、税収増以外の歳入確保策については、あまり行われてこなかった。多くの自治体では、受益者負担の見直しなど、さまざまな歳入確保策を講じており、本市でも検討が必要である。

第2に、❹歳出削減のさらなる検討である。今後、税収増が見込めない中、現在と同じ住民サービス提供を行うことは困難である。すでに、ある自治体では行政サービスを抜本的に見直し、事業の大幅な縮小や、住民負担を増加させている。将来世代に負の遺産を引き継がないためにも、大胆な歳出削減の検討が必要である。

第3に、市民の市政に対する認識が低いことである。効率的・効果的な行財政運営を実施するためには、自治体の取組みだけでは不十分であり、まちの主人公である住民を取り込む必要がある。しかしながら、市民アンケートでは、市政に関心を持つ割合は70％程度にすぎない。今後、さらに厳しい行財政運営が予想される中、市民の市政に対する意識を高めていく必要がある。

3　よりよい行財政運営を目指して

以上の課題を解決するために、今後、次のような取組みを行う。

⑤第1に、市有財産の活用である。自治体によっては、ネーミングライツ、施設の壁面広告、印刷物への広告掲載など、さまざまな市有財産を活用して広告収入を得ている。現在は、スポーツ施設に企業名が付されていることも一般的になり、違和感を覚えることも少ない。このため、市として広告事業を検討するとともに、使われていない市有地の賃貸など、市有財産を活用した歳入確保策に取り組んでいく。

第2に、⑥外部評価制度と公会計制度の活用である。現在も本市は、行政評価制度を活用して、PDCA サイクルを構築している。しかし、この行政評価制度は内部の職員のみで実施されており、まだ改善の余地がある。このため、今後は新たに公認会計士などの専門家による外部評価委員会を設置し、行政評価を行う。これにより、公会計による見直し行うことができ、歳出削減につなげることができる。

第3に、住民や企業等との協働体制を構築する。これまで、審議会や委員会の委員は特定団体の充て職や、数少ない公募市民であった。今後は、あらゆる事業について⑦ワークショップの開催を行い、政策決定段階から多くの市民の意見を取り込む仕組みを構築する。また、事業提案制度を設けて、住民や企業等から事業を提案してもらい、事業そのものを住民や企業等が実施できる制度を構築する。これにより、広く協働体制が構築できるとともに、意識改革を図ることもできる。

⑤市有財産の活用
第2部の「行財政運営の課題」で指摘した「歳入確保の取組みが十分とはいえない」に対応する解決策。なお、この表現を「歳入確保の取組みを行う」などにしてしまうと、単に焼き直しになってしまうので不可。

⑥外部評価制度
学識経験者や公認会計士などの専門家、公募市民など、自治体職員以外の者によって自治体の事業や政策などを評価する制度のことで、多くの自治体で導入されている。

⑦ワークショップ
参加者が中心となって議論を行い、その成果をまちづくりに生かそうとするもの。参加者が講師などの話を一方的に聞くのではなく、参加者自身の討論や体験などを語り合う双方向形式で、グループ学習ともいわれる。

4　本市のさらなる発展に向けて

現在、公務員を取り巻く状況は、非常に厳しい。セクシャルハラスメント、パワーハラスメント、公金横領などの不祥事が連日報道されており、住民から厳しい目を向けられている。しかし、住民が「住んでよかった」「これからも住み続けたい」と思うようなまちづくりの実現のためには、自治体職員の果たす役割は非常に大きい。

現在、私は民間企業に勤務しているが、住民の幸せのために働くことのできる自治体職員に大きな魅力を感じている。私は○○市職員として、全力を尽くす所存である。

問題意識	論理力	表現力	意欲	文章力	総合評価
A	A	A	A	A	A

採点官から

とてもよく書けています。行財政運営とは自治体経営ですから、いわゆる人・物(サービス)・金の視点で考えるとわかりやすいでしょう。ここでは、歳入・歳出・協働を取り上げていますが、これ以外にも職員の能力開発、広報、情報システムなど、いろいろな視点で書くことが可能です。

出題されそうなテーマとポイント［最新版］

合格を勝ち取る面接・論文虎の巻

今年の面接・論文試験で出題されそうな12のテーマを厳選した虎の巻です。いずれも全国どの自治体も直面しているホットな行政課題です。これらのテーマが質問や課題で具体的にどう問われそうか、社会人・経験者ならぜひ言及しておきたい視点やポイントを伝授。「社会人ならでは！」と採点官・面接官をうならせること間違いなしです。

Theme 1

DX

予想される質問・課題

テーマをざっくりいうと

DX（ディーエックス）とはDigital Transformation（デジタル・トランスフォーメーション）の略。進化したIT技術を浸透させることで、人々の生活をよりよいものへと変革させること

ポイントは

自治体におけるDX推進の意義*
①自らが担う行政サービスについて、デジタル技術やデータを活用して、住民の利便性を向上させる ②デジタル技術やAI等の活用により業務効率化を図り、人的資源を行政サービスのさらなる向上につなげていく

自治体の対応	
①住民サービスの向上	マイナンバー活用等による行政手続のオンライン化など
②効率的な行財政運営	AI・RPA**の利用、テレワークの推進など
③職員の育成	情報セキュリティの徹底、外部人材の活用など

*「自治体デジタル・トランスフォーメーション（DX）推進計画【第2.0版】」より
** AI：Artificial Intelligenceの略で、人工知能を指す。自治体での活用例として、住民からの問合せ等に対話形式で自動応答する仕組み（チャットボット）や、AIによる保育所利用調整業務の省力化などがある
RPA：Chapter 5のFile 2を参照

Q 本市がDXを推進することによって、どのようなメリットがあると思いますか

- DX推進の主なメリットは、住民サービスの向上と効率的な行財政運営の2点
- 前者は、オンライン申請によりいつでもどこでも申請できることなど
- 後者は、RPAの活用による業務の効率化など

Q 本市がDXを推進するに当たっての課題は何だと思いますか

- DX推進の課題は、①多額の予算が必要、②情報格差（デジタルデバイド）への対応、③住民への周知、④専門的知識を持つ職員の育成・採用、⑤情報セキュリティの対策や職員への徹底などがある

採点官・面接官をうならせる「社会人ならでは！」の視点

何をおいても

国は、官民を問わずDXを推進しています。企業に対しては、経営者に求められる対応を「デジタルガバナンス・コード」として取りまとめました（2022年9月、「デジタルガバナンス・コード2.0」に改定）。また、自治体に対しては、左ページのポイントのとおりです。

社会人である受験者であれば、「DXとは何か」だけでなく、こうした官民の動向について認識しておく必要があるでしょう。また、現在では、どこの自治体でも「○○市DX推進計画」のようなものを策定して取り組んでいます。このため、自治体も民間企業の動向に興味を持っていますので、勤務先などの取組みを把握しておきましょう。

企業におけるDXの具体的な取組みとしては、①書類・決裁等のデジタル化、②業務プロセスの自動化、③AI活用等による効率化・高度化などがあります。

もうひとおし

DX推進のカギとなるChatGPTにも言及できるとよいでしょう。ChatGPTとは、人間のような自然な会話ができるAIチャットサービスです。官民問わずDXを進めるうえで、自動化や効率化、顧客対応などの分野で役立つことが見込まれ、多くの官公庁で導入の動きがあります。神奈川県横須賀市では、文章作成や要約、誤字脱字の確認、アイデア創出などの活用に、農林水産省では、補助金申請マニュアルなどの改訂や修正に活用し、作業の負担軽減などにつなげたいとしています。また、神戸市では、職員が業務でChatGPTを利用する際のルール（個人情報を入力してはいけない指令など）を、全国で初めて条例化しました。このように、自治体でChatGPTをどのように活用できるのか、導入する際の注意点などについて注意が必要です。

Theme 2

リカレント教育

予想される質問・課題

テーマをざっくりいうと

リカレント教育（学び直し）とは、社会人になってからも、学校などの教育機関に戻り学習し、再び社会へ出ていくことを生涯にわたり続けられる教育システムのこと。働くための学び。リカレント教育が必要な理由は……

①人生100年時代を迎え、学び続けることが重要

②急速なデジタル化の進行により、必要とされる職業・能力等が変化

③ジョブ型雇用の定着など、働き方の変化

※生涯学習：人々が生涯に行うあらゆる学習の場や機会において行う学習。趣味、生きがいが含まれる
　リスキリング：企業が、従業員に新たな仕事のスキルや知識を習得させるために実施するもの

ポイントは

自治体の対応	
①学習機会の提供の充実	自治体実施の講座の拡充、図書館の充実（電子図書、DVD、オーディオブックなど）、民間事業者との連携など
②情報提供の仕組みの充実	リカレント教育に関する情報の集約（まとめサイトの作成など）、SNSや広報誌を活用した周知の徹底など
③住民に対する意識啓発	市のホームページ、SNS、動画サイト、CATV、広報誌などを通じたリカレント教育の重要性の周知など
関連用語	
教育訓練給付制度	働く人の主体的な能力開発の取組み、または中長期的なキャリア形成を支援し、雇用の安定と再就職の促進を図ることを目的として、厚生労働省から教育訓練受講費用の一部が支給される制度
マナパス	社会人の大学等での学びを応援するためのポータルサイト（https://manapass.jp/）

Q 企業がリスキリングをするのであれば、リカレント教育は不要ではありませんか

- 自治体がリカレント教育を推進する意義は、誰もが長く働き続けられる環境をつくることにある
- 民間事業者の「従業員のためのリスキリング」ではなく、すべての住民を対象としたリカレント教育が必要

Q リカレント教育を推進することは、資格スクール等への民業圧迫ではありませんか

- 民間事業者等との役割分担が不可欠
- 民間事業者が実施していない講座の開設、民間事業者への事業の委託など、官民が役割分担をしたうえで、協働してリカレント教育を推進していく必要がある

採点官・面接官をうならせる「社会人ならでは！」の視点

何をおいても

リカレント教育の目的は、あくまで働くための学びです。生きがいづくりや趣味などを含む生涯学習とは異なります。すでに定年延長は官民問わず導入され、また、生産年齢人口の減少等に伴い、長く働くことが求められています。さらに、それは高齢者の健康づくりにも資することになります。このため、リカレント教育は重要なのです。

一方で、企業で盛んに叫ばれているのはリスキリングです。これは、企業が長期にわたって経営が存続できることなどを目的に、戦略的に従業員に学ぶ機会を与えることをいいます。このため、デジタル関連のスキルの習得、新たな事業展のために必要な知識の学習などを指します。従業員が会社を退職して学ぶということは、基本的にありません。

社会人・経験者受験者であれば、両者の違いを把握しているのはもちろんのこと、勤務先におけるリスキリングの実態等（自分自身の受講体験などがあれば、それもぜひ！）についても説明できるとよいでしょう。

もうひとおし

リカレント教育は自治体にとっても重要ですが、自治体がどこまでのことを行うべきかの検討が必要です。いくらリカレント教育が必要とはいえ、自治体があらゆる授業や講師を準備するのは現実的ではありません。また、それでは、通信教育や資格学校を運営している民間事業者の経営を圧迫してしまいます。

自治体がどこまで行うかはケースバイケースです。たとえば、大学を持つ自治体であれば、かなり主体的に実施することも可能です。しかし、そうでない自治体であれば、民間事業者と提携して、市民が安価で授業を受けられるように補助金を出すということも考えられます。そうした現実的な内容を提示できるかが、大事になってきます。

Theme 3

子育て支援

予想される質問・課題

テーマをざっくりいうと

少子化の原因の一つに、子育てに対する負担感が挙げられている。また、核家族化や都市化による家庭の養育力の低下も指摘されている。そのため、子育て支援は、国や自治体にとって重要なテーマである。課題は……

①経済的負担：子育て世帯の経済的負担感が大きい

②保育所や学童クラブなどの施設が不足：依然として待機児童が存在

③一時保育、家事援助など各種サービスが不足

ポイントは

自治体の対応	
①子育て家庭への経済的支援等	給付金、児童手当、子ども医療費助成など
②保育施設の整備等	保育所、幼稚園、認定こども園、放課後児童クラブ、子ども家庭支援センターの整備、病児・病後児保育、一時保育など。こうした施設や保健所では、保護者の子育てに関する相談にも対応
③女性が働きやすい環境の整備等	結婚や出産により退社するケースが多いことから、事業者に対し啓発等を行う。自治体も事業主として、職員・職場の意識改革、妊娠・子育て中の職員への支援、男性職員の子育て参加支援などを実施
関連用語	
子ども・子育て支援新制度	● 幼児期の学校教育や保育、地域の子育て支援の量の拡充や質の向上を進めていくためにつくられた制度。必要とするすべての家庭が利用でき、子どもたちがより豊かに育っていける支援を目指す ● 2012（平成24）年8月に成立した「子ども・子育て支援法」「認定こども園法の一部改正」「子ども・子育て支援法及び認定こども園法の一部改正法の施行に伴う関係法律の整備等に関する法律」の子ども・子育て関連3法に基づく ● 政府は「異次元の少子化対策」を掲げ、2024年度から3年間かけ「こども・子育て支援加速化プラン」を集中的に取り組むと発表（具体的には、児童手当の拡充などを検討）

Q 女性が働きやすい職場とは、どのような職場だと思いますか

- 子育て支援にとって、女性が働きやすい職場は非常に重要
- この質問は、社会問題としての子育て支援という側面のほか、受験者が公務員となった場合に、そのような職場をイメージできるかという仕事観にもかかわる
- 男女ともに育休が取得しやすいなど、具体的な内容が求められる

Q なぜ少子化なのに、今でも待機児童がいるのですか

- 主な理由は、女性の社会進出が進んでいること、保育士が不足していること、都市部に人口が集中していることなど

採点官・面接官をうならせる「社会人ならでは！」の視点

何をおいても

子育て支援策にはさまざまなものがありますが、①経済的支援、②施設整備などのハード面のサービス、③家事援助などのソフト面のサービスの３つに分けるとわかりやすいでしょう。

①としては、児童手当、こども医療費助成、奨学金などのほか、2023年頃からは子育て世帯への給付金支給や給食費の無償化なども、さまざまな自治体で行われるようになっています。②については、保育所、幼稚園、認定こども園、子ども家庭支援センター、児童館など、さまざまなものがあります。③については、家事育児支援ヘルパー、育児援助などを行うファミリー・サポート、各種相談などがあります。特に受験する自治体で特徴的な事業を行っているか否かについては、注意が必要です。また、2023年４月にこども家庭庁が発足したことも押さえておきましょう。

もうひとおし

かつて、待機児童が大きな話題となったときは、全国で多くの保育施設が整備されました。しかし、現在では待機児童はかなり減ってきており、いずれは保育所が不要になる時代が来ます。こうした事態を見据えて施設の整備を考えることが重要となります。

具体的には、高齢者施設への転用を見越して保育施設を整備したり、現在未利用になっている公共施設を保育所として一時利用したりするなど、コスト面に配慮することが必要です。単に「待機児童がいるから、とにかく保育所を整備だ！」では、自治体の財政も破綻してしまいます。

Theme 4

少子化対策

予想される質問・課題

テーマをざっくりいうと

合計特殊出生率（１人の女性が一生の間に産む子どもの数）の低下に伴い、少子化が大きな課題である。少子化が進行すると……

①人口全体が減少：日本全体の人口の減少により社会構造に影響（施設整備などのハード面・各種サービスなどのソフト面、両面にわたり影響）

②生産年齢人口（15～64歳）の減少による経済活動の低下：生産年齢人口の減少により経済活動が低下し、これまでと同様の生産力を維持するのが困難

③人材確保が困難：少子化に伴い、企業等における人材確保が困難となる

ポイントは

自治体の対応*	
①女性が結婚・出産しやすい環境の整備	● 結婚支援：お祝い金の支給、イベントの実施など ● 出産支援：不妊治療の経済的支援、産後ケアの実施など
②子育てしやすい環境の整備	保育所等の施設整備、経済的支援、就労環境の整備など
③人材確保への支援	保育士、介護職員をはじめ、人材確保が困難な業種に対し、就職相談会などを実施
関連用語	
少子化の要因	①未婚化・晩婚化（結婚しない、もしくは結婚が遅い） ②初産年齢の上昇（最初の出産が遅い） ③夫婦の出生力の低下（多くの子どもを求めない）

＊国の対応：「次元の異なる少子化対策」①経済的支援の強化、②保育、相談支援等のサービス拡充、③共働き・共育ての推進、④社会の意識変革、などが特徴

Q 自治体が結婚支援をすることの是非について述べてください

- 「価値観のおしつけ」は論外
- 民間企業の結婚支援サービスがあることを考えると、民業圧迫にならないように注意することも重要

Q 自治体の職員確保策として、どのような対応が必要ですか

- 自治体も少子化により職員確保が困難になる
- 業務の効率化、アウトソーシングなどにより、できる限り職員数を減らすことも重要だが、そのうえで自治体の効果的な PR などが求められる

採点官・面接官をうならせる「社会人ならでは！」の視点

何をおいても

「子どもが少ないのであれば、子どもを増やすための対策をすればよい」との意見は、至極当然です。しかし、「少子化の要因」にあるように価値観の多様化や経済的課題などもあり、単純な問題ではありません。

近年、「結婚しなくてもよい」「子どもがいなくても構わない」という人は多くなっています。かつては「結婚して、子どもをつくることが当然」という価値観が大きく変わってきているのです。社会人ですから、こうした価値観の変化についても十分配慮して、対応策を提示できるかが問われます。いくら、自治体が結婚・子育て支援をするからといって、生涯独身などの住民の価値観を否定しているわけではありません（それでは、公務員としての適格性を疑われてしまいます！）。しかし、一方で少子化により人口が減少し、まちが廃れていくことも大きな課題です。こうしたバランス感覚を持てるかが重要です。

もうひとおし

少子化により労働者数は減少するので、企業は労働力を確保することが困難になります。労働者数が減少する中で、どのように生産力を維持するのかは大きな課題です。たとえば、ファミリーレストランでは、人員不足のため、注文は基本的にタブレット使用とし、営業時間の見直しなどの対策をしています。メーカーであればロボットの導入や AI の活用などを行っています。

民間企業経験がある受験者であれば、こうした人員不足については何らかの経験があるはずです。地元企業が人材確保できず黒字倒産したり、自治体自身も応募者数が採用予定者数を下回ったりします。こうした課題にどのように対応すべきか、これまでの経験などを踏まえて回答できるかも重要な視点です。

Theme 5

高齢化対策

予想される質問・課題

テーマをざっくりいうと

人口の多い団塊世代などの高齢者の増加、また少子化に伴い人口総体に占める高齢者の人口割合が増加。高齢化が進行すると……

①社会保障費の増大：高齢者が多いため、年金や医療などの社会保障費が増大する。自治体においては、特別養護老人ホームなどの施設整備や、各種福祉サービスなどの負担が大きくなる

②地域コミュニティの衰退：高齢者が多くなるため、地域コミュニティの活性化に影響を与える。町会·自治会、消防団などの構成員も高齢化することから、これまでの活動を維持できないこともある

③介護人材の確保：高齢者の増加により、特別養護老人ホームなどの施設も増え、これを支える介護人材の需要も高まる

ポイントは

自治体の対応	
①高齢者の活用	● 就労機会の確保：シルバー人材センター、各種セミナーやしごと相談会の開催、ハローワークへの紹介など ● 活動の場の提供：見守り活動の担い手、子育て世代のサポーター、各種ボランティアの募集など
②健康寿命の延伸	● 認知症対策：相談窓口を設置、認知症サポーター養成講座、認知症カフェ、認知症家族会の開催 ● 介護予防：健康教室の開催、民間スポーツクラブなどとの提携
③生きがいづくり	各種公共施設で講座の開催、高齢者の自主グループへの活動補助

Q あなたは何歳まで役所で働きたいですか

- 公務員の定年は65歳（現在は経過措置期間で段階的に引き上げられる）
- 高齢化対策は受験者自身の生き方にもつながる
- 役所への忠誠を示す意味では、「定年まで頑張ります」がよいようにも思えるが、一方で役所にしがみつくようにも見られてしまうかも

Q 高齢者対策として、特別養護老人ホームなどの施設整備は促進すべきですか

- 高齢者が増加する中で、施設整備は重要だが、財政負担も大きな課題
- 民間活力の活用、PFI（民間の資金・経営力・技術などを公共事業に活かすこと）などさまざまな手法の検討が必要

採点官・面接官をうならせる「社会人ならでは！」の視点

何をおいても

元気な高齢者が就労することは、健康づくり・生きがいづくりにとっても効果的でしょう。長年勤めた会社を定年退職で辞め、その後何もすることなく自宅で生活するのが、本人にとっても家族にとってもよいことかといえば、やはり疑問です。再雇用や再就職で高齢者が活躍できる場を確保することは重要です。

一方で、人手不足から、高齢者が労働力として位置づけられてしまい、かえって問題を抱えてしまうこともあります。「75歳になったので退職を申し出たが、『人手がないから』と辞めさせてくれない」などの報道もあります。また、シルバー人材センターを、単価の低い労働者の提供場所として悪用している業者も多いといわれています。

このように、一口に高齢者の活用といっても、よいことばかりではありません。こうした理想と現実を踏まえていることが、社会人・経験者試験では求められます。

もうひとおし

高齢者数の増加、高齢化率の上昇に伴い、自治体の負担は増えていきます。そもそも人口減少で税収が少ないという収入面での課題がある中で、社会保障費の増大という支出面が膨れ上がるのでは、自治体財政は破綻してしまいます。こうした状況を踏まえて、どのように行財政運営を行っていくのかは非常に重要なテーマです。

また、住民自身の負担も増えていきます。少子高齢化により、少ない現役世代で多くの高齢者を支えるのであれば、住民１人当たりの負担が増えるのも当然です。このように、住民の負担も自治体の負担も増える現実の中で、行政はどこまでサービスを提供すべきなのか、住民にどこまで負担を求めるべきか、そのバランス感覚が求められます。

Theme 6

人口減少

予想される質問・課題

テーマをざっくりいうと

少子高齢化に伴い人口が減少すると、自治体の事業、地域コミュニティなど、さまざまな面に影響が生じる。人口減少が進行すると……

①税収減に伴う事業の見直し：人口減少に伴い税収減となり、これまでと同様の自治体の事業実施・サービス提供が困難となる。事業の廃止などを行う自治体も

②地域活動の担い手不足：人口減少のため、地域活動（防犯パトロール、自主防災組織、ボランティアなど）の担い手が不足し、活動の維持が困難に

③小売・飲食・医療など生活関連サービスの縮小：人口減少に伴い収支が悪化し、小売・飲食・医療など生活関連サービスが撤退し、住民の生活に大きな影響が生じる

ポイントは

自治体の対応	
①コンパクトシティの検討	● コンパクトシティとは、住居・職場・商業施設・その他サービスを都市部に密集させ、公共交通機関の利用により、あらゆる場所に短時間で移動ができるまちのこと ● 人口減少に伴い、従前のようなインフラの維持が困難となる。このため、住民の居住エリアを集約するコンパクトシティについて検討する動きなどがある
②Uターン・Iターン・JターンのPR・促進	住民数を増やすため、Uターン・Iターン・JターンのPRや促進を行う。また、移住体験会、シェアオフィスの整備、低額での住居提供、保育料の無償化など転入者にとって魅力的な事業を行うことで、自治体の特徴を示す
③企業誘致のための環境整備	企業全体または機能の一部を移転してもらい、人口の増加をねらう。たとえば、ネット環境の整備を自治体が行い、IT企業を誘致することで人口を増加させ、法人住民税などの税収増をねらう

Q 住民を誘致するための方策について述べてください

- 住民の誘致は、①職の確保ができるか、②住みやすさ・暮らしやすい環境か、③魅力的なサービスがあるか、④もともとの住民との円滑なコミュニケーションが図れるか、などがポイント
- ④については、「地域活動への参加が強制されて嫌だ」という新住民もいるので注意

Q 企業を誘致するための方策について述べてください

- 東京などの大都市にいなくても、IT を活用すれば地方でも十分に企業活動できる例は多い
- 地方は、物価が安い、通勤が楽、自然環境がよい、などの声も聞かれる
- まずはワーケーションの場所としての魅力を発信するということも考えられる
- 受験する自治体にはセールスポイントとして何があるのか、具体的に提示できることが求められる

採点官・面接官をうならせる「社会人ならでは！」の視点

何をおいても

人口が減少し、財源がない中では、行政はサービスを縮小せざるを得ません。たとえば、これまで地域住民の活動の場となっていた集会所が、いきなり廃止されることもあります。市によっては、市営住宅を建て直す予算がないため、放置されていることもあります。

このように考えると、そもそも行政サービスとは何なのかということが問われます。住民福祉の向上も重要ですが、それも財源の裏づけが前提です。社会人・経験者であれば、民間企業等での経験を踏まえ、「行政の役割」について考えておくことが重要です。

もうひとおし

コンパクトシティは、まちの機能をエリア別に集約することで、経費を削減できるというメリットがありますが、デメリットも指摘されています。たとえば、郊外にいた住民が指定された居住エリアに転居するため、居住スペースの狭小化、騒音などの近所トラブル、物価が以前より高くなるなどして、住民のストレスが高まったなどです。

また、当初計画していた機能の集約化が上手くできずに、コストが膨らんでしまうこともあるようです。このように、コンパクトシティは万能薬ではありません。仮に、受験する自治体で実施の予定があるならば、どのような計画になっているのか、それに対して受験者としてどのような認識を持っているのかも大きなポイントです。

Theme 7

SDGs

予想される質問・課題

テーマをざっくりいうと

SDGsとはSustainable Development Goals（持続可能な開発目標）の略で、2030年までに持続可能でよりよい世界を目指す国際目標。2015年9月の国連サミットで、加盟国の全会一致で採択された「持続可能な開発のための2030アジェンダ」に記載された。17のゴール・169のターゲットから構成され、地球上の「誰一人取り残さない」ことを掲げている。

ポイントは

自治体におけるSDGs	
● そもそも自治体は持続可能なまちづくりを目指しており、SDGsの理念を従来から実施しているといえる ● 自治体のさまざまな事業は、17のゴールに関連づけられる（たとえば、ゴール1の貧困は生活保護、ゴール13の気候変動は環境対策など）	
自治体の対応	
①自治体の総合計画や各種行政計画において位置づけ	SDGsの考え方を、自治体の総合計画や各種行政計画の基本方針に位置づけている自治体がある
②条例制定	北海道下川町、群馬県桐生市などでは、SDGsに関する条例を制定し、持続可能なまちづくりを明確化している
③専管組織の設置	SDGs未来都市に関する施策など、SDGsについて総合的・計画的に推進するため専管組織を設置する自治体もある
関連知識	
SDGsの17のゴール	①貧困をなくす／②飢餓をゼロに／③すべての人に健康と福祉を／④質の高い教育をみんなに／⑤ジェンダー平等を実現しよう／⑥安全な水とトイレを世界中に／⑦エネルギーをみんなに そしてクリーンに／⑧働きがいも経済成長も／⑨産業と技術革新の基盤をつくろう／⑩人や国の不平等をなくそう／⑪住み続けられるまちづくりを／⑫つくる責任つかう責任／⑬気候変動に具体的な対策を／⑭海の豊かさを守ろう／⑮陸の豊かさも守ろう／⑯平和と公正をすべての人に／⑰パートナーシップで目標を達成しよう

Q 住民が積極的にSDGsに取り組むためには、何が必要だと思いますか

- 自治体が積極的に取り組むのはもちろんのこと、住民などへの啓発・PRも重要
- SDGsに資する活動をしている団体に補助金を出すなど、インセンティブを与えることも考えられる

Q 自治体の活動とSDGsは、どのような関係にあると思いますか

- そもそも自治体は持続可能なまちづくりを目指しており、SDGsの考え方そのものといえる
- 自治体のあらゆる活動がSDGsに関係しているといっても間違いではない

採点官・面接官をうならせる「社会人ならでは！」の視点

何をおいても

SDGsは、国や自治体などの公的機関が取り組めばよいというものではありません。持続可能なまちづくりのためには、住民、企業、NPOなどさまざまな主体が取り組むことが求められます。

社会人経験のある受験者であれば、勤務する企業やアルバイト先で、どのような取組みを行ってきたのかを把握しておいたほうがよいでしょう。たとえば、食品会社であればフードロス問題への対応、カフェでの使い捨てのプラスチック製ストロー全廃などが考えられます。企業は、単に国などの動向に賛同しているだけでなく、企業の生き残り戦略の意味もあるわけです。企業もSDGsに取り組まないと顧客に賛同してもらえず、商品やサービスを購入してもらえない可能性があるからです。このため、住宅メーカーであればCO2排出量の少ない住宅づくりを行うなど、SDGsを意識した商品づくりやサービスを提供している例は多数あります。

ただし、企業によっては、SDGsを大きく取り上げていない場合もあります。しかし、それでもオフィスの電気をこまめに消すなど、SDGsに関連する行動をしているはずです。こうした点を理解しているかが問われます。

もうひとおし

受験者がどのようにSDGsに取り組んでいるのかも、大事な視点です。たとえ、SDGsに関する知識を持っていたとしても、公務員志望者である受験者が持続可能なまちづくりのために、何ら行動していないというのはやはり疑問です。ただし、そんなに大げさな内容である必要はありません。ごみをできるだけ出さない、レジ袋を購入せず買い物バッグを持っていく、必要以上に食品を購入しないなど、日常生活でできるものをすぐにイメージできるかがポイントです。

Theme 8

多文化共生社会

予想される質問・課題

テーマをざっくりいうと

多文化共生とは、「国籍や民族などの異なる人々が、互いの文化的ちがいを認め合い、対等な関係を築こうとしながら、地域社会の構成員として共に生きていくこと」（総務省：多文化共生の推進に関する研究会報告書）。外国人住民等が増加してきたことを踏まえ、お互いの価値観を認め合う多文化共生社会の構築が大きな課題である

ポイントは

多文化共生社会の構築が必要な理由	
①外国人住民の増加	2019年4月に始まった外国人労働者の受け入れの拡大（「特定技能*」制度の創設）、訪日外国人の増加、などにより外国人住民が増加
②日本人住民と外国人住民との間のトラブル防止	言葉が通じないことや文化の違いなどから、日本人住民と外国人住民との間でトラブルが発生してしまうことがあり、トラブルを避けるためには両者が互いを理解することが必要
③外国人住民もまちづくりの担い手	外国人住民も地域にとっては大事なまちづくりの担い手になることから、地域で活動できる環境整備が必要
自治体の対応	
①外国人住民への的確な周知・PR	外国人住民向けハンドブックの配付、外国語版のホームページ、外国語による生活相談など
②日本人住民の異文化理解の促進	外国の言語や文化に関する講座の開催、国際交流のイベントの実施など
③外国人住民と日本人住民が交流できる機会の確保	SNSの活用、地域で開催する防災訓練やお祭りへの外国人住民の招待、インターナショナルスクールでの運動会や文化祭への日本人住民の参加など

*特定技能：国内人材を確保することが困難な産業において、一定の専門性・技能を有する外国人を受け入れることを目的とする制度

※国の対応：2023年、国は「特定技能」の見直しを検討

Q 日本人住民と外国人住民が円滑なコミュニケーションを図るために、具体的に何をするべきだと思いますか

- 外国人住民と日本人住民が交流できる機会の確保が重要
- 自治体としてはその環境づくりが求められる（たとえば、SNSの活用であれば、掲示板の設置などが考えられる）

Q 自治体でも外国人を採用すべきだと思いますか

- 外国人を採用している自治体もあり、判断は自治体によって異なる
- ただし、管理職にはなれないとの最高裁判例あり

採点官・面接官をうならせる「社会人ならでは！」の視点

何をおいても

外国人労働者の受け入れの拡大、訪日外国人の増加などにより、外国人住民の数が増えている自治体があります。当然のことながら、自治体によって外国人住民の人数、住民全体に占める割合などはさまざまです。しかし、自治体によってはこの多文化共生社会が重要な課題となり、最近の論文や面接でもよく問われるテーマの一つとなっています。

まずは受験する自治体の基礎情報（外国人住民数の推移、国別外国人住民数など）を確認するとともに、そうした外国人住民向けの事業（生活ハンドブックの配付、学校や講座の日本語教室、交流イベントなど）もおさえておく必要があります。

そのうえで、社会人であれば、なぜ多文化共生社会の構築が必要なのか、自分の経験（たとえば、勤務先や取引先に外国人がいる、コンビニなどに外国人スタッフがいる、近くに住んでいる外国人住民など）を踏まえて説明できることが望まれます。

もうひとおし

多文化共生社会の構築は重要なのですが、現実には日本人住民と外国人住民との間ではトラブルも発生しています。日本語が十分に理解できないことや文化の違いなどから、ごみの分別をしない、ポイ捨てする、小中学校でのいじめ、深夜の騒音などがあります（実際に悩まされた方もいるかもしれませんが……）。こうしたトラブルをなくすためには、外国人住民への的確な周知・PR、日本人住民の異文化理解の促進の両方が必要となります。

ただし、「高齢の日本人住民の中には外国の文化を理解しようとしない」「一部の外国人住民は何回言ってもルールを守らない」など、実際には厳しい現状があることも、社会人としては把握しておきたいところです。

Theme 9

防災対策

予想される質問・課題

テーマをざっくりいうと

地震による倒壊、火災・停電・津波、豪雨による浸水・停電・土砂崩れなど、規模の違いはあれ、日本各地で毎年のように災害は発生している。近年は、地震、台風、猛暑などが多発し、防災対策の重要性が増している。また、風水害では地震とは異なる課題もある

ポイントは

自治体の対応	
①避難所等の整備	被害の程度や避難経路等により、一時集合場所、避難所、避難場所などが指定されている。自宅生活ができない場合は避難所で生活を行うことになるが、避難所の質の向上が求められている
②情報通信・無線等の整備	これまでに防災無線のデジタル化等が行われてきたが、スマートフォンの普及等に伴い、緊急速報メールや防災アプリの導入などが行われている
③住民等への意識啓発	大地震直後には住民等の防災意識は高まるが、時間の経過とともに低減していく傾向がある。防災対策にある自助・共助・公助のうち、最も重要なのは自助といわれるため、各自治体で防災イベントや講習会の開催、地域防災訓練などを実施している。HUG（静岡県が開発した避難所運営ゲーム）など、新たな訓練手法も活用されている
④自主防災組織との連携	各自治体には、町会・自治会が母体となった自主防災組織がある。共助のための重要な組織だが、構成員の高齢化などが課題となっており、新たな担い手の育成なども求められている

Q 日頃、あなたが行っている防災対策は何ですか

- 最低限の防災用品の備蓄は必要
- 何も備蓄していないというのでは、面接官に疑問を持たれてしまうので、注意が必要

Q あなたの家の指定避難所はどこですか

- 防災意識を持っているのか否かがすぐに判断できる質問
- 面接前に必ず調べておく

採点官・面接官をうならせる「社会人ならでは！」の視点

何をおいても

防災対策において公助（公的機関による支援）には限界があります。大地震が発生した場合、各地で同時多発的に火災、建物倒壊、断水などが発生しますが、消防や警察などの人員には限りがあるので、すぐにすべての被害に対応することはできません。

そこで求められるのは、住民一人ひとりが高い防災意識を持ち、常日頃から防災用品等を準備しておくことです。このため、自治体は意識啓発に努めています。しかし、すべての住民に浸透させるのは困難です（皆さんにも、ご理解いただけますよね……）。

東日本大震災のような大きな災害があると、一時的に住民の防災意識が高まることはアンケートなどからもわかります。しかし、時間の経過に伴い、だんだんと低減していきます。これをどうすれば、高いレベルで維持できるのかは大きな課題なのです。社会人受験者であれば、企業などでの防災訓練に参加した人も多いかと思いますし、実際に帰宅困難者になった人もいるかもしれません。こうした経験を、防災対策の観点から説明できれば非常に有効です。

もうひとおし

地震対策とは異なる風水害対策もおさえておきましょう。風水害には、台風、集中豪雨、土砂災害などがあります。事前にある程度の対策をすることが可能なことが、地震とは異なる点です。具体的には、洪水ハザードマップによる確認、土のうや止水板などによる浸水への対応、家屋の窓や屋根などへの対策などあります。

各自治体では、地域防災計画（災害対策基本法に基づき、各自治体が防災のために処理すべき業務等を定めた災害対策計画）を策定しています。最近では、風水害対策の強化が図られています。

情報漏洩

予想される質問・課題

テーマをざっくりいうと

個人情報を守るべき自治体やその職員の故意または過失によって、各種資料などの紙媒体だけでなく、個人情報を含む電子データなどが外部へ渡ってしまい、住民等からの信頼が失ってしまう

ポイントは

自治体での情報漏洩の課題	
①職員のミスもしくは意図的な情報の流出	USB メモリなどの電子データや名簿などの資料の紛失、電子メールの誤送付、ホームページ更新作業ミスによる個人情報掲載など、職員のミスにより情報が漏洩する。転売などの目的で職員が意図的に情報を流出させてしまうことも
②管理体制の不備	個人情報が含まれる資料を収納するキャビネットに鍵をかけていない、USB メモリ持ち出しの記録簿をつけていないなど、業務上のルール化がされず、職場の管理体制に不備がある
③不正アクセスなどのシステム上の問題	情報システム上の問題として、セキュリティ体制が十分でないことから、不正アクセスによる攻撃やコンピューターウイルスの感染などにより、個人情報が漏洩することがある
自治体の対応	
①職員への指導・啓発	個人情報を取り扱う職員に対する研修の実施や、各職場におけるマニュアル作成など、職員への指導・啓発を行う
②管理体制の構築	USB メモリなどの記憶媒体の保管や持ち出し、マイナンバーなどの管理方法など、各種規定に基づき個人情報を管理する
③システムの整備	不正アクセスやコンピューターウイルスの排除など、データのクラウド化、シンクライアントシステムの構築など、個人情報を流出させないためのシステムを整備する

Q 個人情報の管理の徹底が、かえって業務の効率化を妨げていませんか

- 個人情報の管理を徹底するあまり、かえって事務が煩雑になり、業務が停滞してしまうことはある
- しかし、効率化を優先した結果、個人情報が漏洩するのは本末転倒。両者は区別して考えることが必要

Q 自分のパソコンの廃棄はどのように行っていますか

- 適切な業者にパソコンの廃棄を依頼せず、無許可の回収業者などに頼むと個人情報が漏洩することがある
- 受験者の個人情報に対する意識を確認している

採点官・面接官をうならせる「社会人ならでは！」の視点

何をおいても

「情報漏洩を防ぐには何が必要か」という問いに対して、①職員への指導・啓発、②管理体制の構築、③システムの整備の３つの視点で答えれば問題ありません。ただし、質問の背景にあるのは「あなたは情報漏洩を防ぐために何を行ってきたのか」という、現在の勤務先での経験の確認です。このため、現勤務先でのルールなどについてはおさえておきましょう（「わかりません」では、困りますよ）。もし特徴的な取組みなどがあれば、それを説明すると説得力が高まります。

個人情報を扱うのは、自治体でも民間企業でも同じことです。採用担当者が知りたいのは、受験者が個人情報の管理についてどのように考えているのかを、現在の勤務状況と併せて確認しておきたいのです。マイナンバー制度によって、これまで以上に個人情報の管理が徹底されるようになりました。しかし、それでも個人情報の漏洩に関する事件はなくならないので、自治体は非常に敏感なのです。

もうひとおし

USB メモリの紛失や鍵のかけ忘れなどはヒューマンエラーの典型ですが、情報漏洩の多くはこうした職員の意識にかかわることです。「意識の低い職員はダメだ」などと言うのは簡単ですが、実際の業務を行う中では、忙しくてうっかりなくしてしまったり、職場のなれ合いで鍵をかけないことが日常化していたりすることは、残念ながら今でもあります（そして、事故発生→報道→住民からの苦情となります……）。

このため、漏洩を防ぐためのルール（複数によるチェック体制、職場の情報管理者による定期的な確認など）をつくることが、職員の意識を高めることにつながります。

Theme 11

行財政改革

予想される質問・課題

テーマをざっくりいうと

人口減少に伴う税収減、高齢化に伴う社会保障費の増大などから、自治体はこれまでの行政サービスの維持が困難になってきている。このため、自治体にとって行財政改革は喫緊の課題である

ポイントは

行財政改革が必要な理由	
①人口減少に伴う税収減	人口減少に伴い、生産年齢人口も減少することから、将来的には税収減になることが見込まれる
②社会保障費などの増大	さらなる高齢化の進行に伴い、社会保障費は増大する。また、高度経済成長期に整備した老朽化施設が更新時期を迎えている
③行政サービスの多様化・高度化	職員数が限られる中、多様化・高度化する行政サービスに対応する必要がある
自治体の対応	
①歳出削減に向けた取組み	アウトソーシング（民間委託等）の推進、定員の適正化、各事務事業の検証など
②歳入確保に向けた取組み	徴収率の向上（差押え、コールセンター等）、市有財産の活用（広告事業、ネーミングライツ、未利用地の貸付等）など
③行政評価制度の活用等	行政評価制度（行政が実施している政策、施策や事務事業について、成果指標等を用いて有効性、効率性、必要性を評価すること）を活用することにより、PDCA サイクルを確立し、より効果的・効率的な事務執行に努める

Q 施設の統廃合計画に住民から強い反対があった場合、あなたが担当職員であれば、どのように対応しますか

- 廃止が決まった施設の周辺住民から、反対運動が起こることがある
- 利用率が低い、使用料収入が少ないなどの理由があれば、住民に対して粘り強く説明していくしかない

Q 自治体でもAIやRPAは活用できると思いますか

- AI を活用して、チャット形式で生活に関する行政情報の問合せに自動回答するサービスは実際にある
- ふるさと納税や時間外勤務手当の計算などの業務に RPA を活用する事例もある

採点官・面接官をうならせる「社会人ならでは！」の視点

何をおいても

自治体も民間企業と同様に目的を持った組織体なので、自治体を運営するという視点が必要です。そのために必要なことは経営資源と呼ばれる「ヒト・モノ・カネ」ですが、これを自治体でいえば「職員・行政サービス・財政」となります。民間企業などでの勤務経験があれば、こうした視点を持つことが重要です。

自治体を取り巻く環境として、人口減少に伴う税収減、社会保障費などの増大、住民ニーズの多様化・高度化などがあり、大変厳しい状況です。当然のことですが、お金がなければこれまでと同様の行政サービスを提供することは困難です。

そのため、職員数の削減、業務の効率化などの行財政改革を行い、何とか費用を捻出して行政サービスを維持しようとするわけです。それぞれの自治体がどのような改革に取り組んでいるのかは、注目しておきたいポイントです。

もうひとおし

民間企業でも経営の効率化を図り、利益を最大化する活動は行っています。社会人受験者であれば、「こうした民間企業の手法を取り入れればよいのでは」と考えてしまうかもしれませんが、自治体の場合は少し事情が異なります。

たとえば、民間企業であれば不採算部門を廃止して事業を行わないことも可能ですが、自治体ではそれは困難です。生活困窮者などの社会的弱者に対する福祉事業や防災対策などは、「お金がないからやりません」というわけにはいきません。こうした中で、収入（歳入）を増やし、支出（歳出）を削減するには、左ページのレジュメのような取組みが必要となります。

Theme 12

住民の行政参加

予想される質問・課題

テーマをざっくりいうと

住民の行政参加とは、自治体が政策を決定するに当たり、住民が参加すること。地方自治のあるべき姿は、団体自治と住民自治の実現にある。このため、自治体にとって住民の行政参加は不可欠である。実際の行政参加の手法には、審議会・委員会、ワークショップ、パブリックコメントなど、さまざまな形態がある

ポイントは

自治体の対応	
①審議会・委員会	地方自治法に定められる附属機関として、自治体に審議会・委員会を設置する。こうした機関の委員として住民等が意見を述べる
②ワークショップ	特定のテーマについて、参加者が自由に意見交換を行うもの。自由な議論や共同作業を通じて合意形成を図る
③パブリックコメント	自治体が政策などの案を発表し、その案に対して住民から意見を募集する。自治体はその意見を参考に意思決定を行うとともに、住民からの意見に対して自治体の考え方を公表する
④モニター制度	公募した住民を登録して、特定のテーマについてアンケートや会議出席により意見聴取を行う
関連用語	
団体自治	国家から独立した地域団体（自治体）の存在を認め、国等による地域団体への関与を必要最小限度にとどめて、地方公共団体の事務は地域団体の創意と責任において処理させようとする考え方
住民自治	地方の政治や行政は、地域住民がこれに参加し、住民自らの責任においてその運営を行うという考え方

Q ある住民が「私の意見も住民の意見です。なぜ取り上げてくれないのですか」と言ってきたら、あなたはどうしますか

- 住民一人ひとりの意見は住民の意見に相違ない
- それを実際に行政計画に反映したり、事業化したりするのは別問題
- 「お話を伺いますが、実際にできるかどうかは別問題です」と言わざるを得ない

Q 住民説明会を開催したら、参加者は2人しかいません。あなたは、それでも実施しますか

- 「参加者が少ないから、住民説明会を中止します」ということは、まずない
- 少数でも住民説明会は貴重な住民の意見を聞く場
- 実際にはこのような少数にならないように事前準備が必要

採点官・面接官をうならせる「社会人ならでは！」の視点

何をおいても

現在でも住民が行政に参加する場面は多くあります。しかし、それが単に形だけになっていないか、という点に注意が必要です。自治体で「環境計画」のような行政計画を策定する際、住民説明会を開催したり、パブリックコメントを実施したりします。こうした場合に、単に「説明会を開催した」「パブリックコメントを実施した」だけで、住民の意見を反映していないのであれば意味がありません。自治体は、「はいはい、住民の意見は聞きましたよ」とアリバイづくりとして利用するのでなく、計画などの実質的に反映できたのかが重要なのです（実際には、そうしたアリバイづくりのようなこともあるのですが……）。

民間企業でも、「お客様窓口」のようなセクションがありますが、これを「ガス抜き」として使うのでなく、実際の商品やサービスの改善に結び付けることと同様です。

もうひとおし

「住民の意見」が、町会長や地域の実力者などの特定の意見になっていることも少なくありません。たとえば、審議会委員として選出されるのは、いつも決まったメンバーということがあります。その人たちがさまざまな委員を兼任しているので、実質的にはその人たちの意見があたかも「住民の意見」のようにとらえられてしまうことがあります（首長と関係の深い町会長……とか？）。

学生、専業主婦、最近転入してきた住民、地元企業で働く人など、多様な意見を集めてこそ、「住民の意見」となります。

社会人・経験者なら知っておきたい
公務員のジョーシキ

広報

自治体には、必ず広報を所管する部署があります。市報や広報誌、「○○市史」などの冊子の発行、SNS による発信、動画の作成、報道機関への対応など、さまざまなことを行っています。受験者としては、この情報を使わない手はありません。まずは、ホームページを確認しましょう。そうすると、その自治体がどのように「わがまち」を広報しようとしているのかが、よくわかります。

また、最近では、シティプロモーションとして、自治体内外に地域の魅力を発信することでイメージを高め、ヒト・モノ・カネを呼び込み、地域経済の活性化につなげる活動も盛んです。観光、協働、移住促進など、さまざまなことを行っていることがわかるはずです。

なお、できれば、受験する自治体を実際に訪れてみてください。広報部門では、自由に地図や冊子を受け取れますので、遠慮する必要はありません。疑問があれば、担当職員に直接尋ねてもよいでしょう。なぜなら、担当職員は広報するのが仕事なのですから。

同様に、「やってみたい仕事」に関連してわからないことがあれば、担当部署に直接電話する方法もあります。市民でなくても、「今、ちょっと○○政策について調べているんです」と言えば、きっと親切に教えてくれるはずです（必ず親切との保証はできませんが……）。

集団討論・グループワーク、プレゼンテーション面接の課題例

自治体・試験別に課題例を、公表情報や受験者からの受験情報をもとにまとめたものです。

集団討論

滋賀県（令和３年度）

昨年７月に、九州で豪雨により発生した災害について、新型コロナウイルス感染症対策から、その復旧に協力する災害ボランティアを全国規模ではなく、その災害が発生した県内に限定して受け入れた結果、人出不足により住民の方々の復旧がかなり遅れるという状況が発生しました。そこで、このような場合に、県としてどのように対応すべきかについて討論して、結論としてまとめてください。

香川県（令和４年度）

❶香川県では、南海トラフ地震をはじめとする大規模災害に備え、地区防災計画の策定促進など自主防災組織の活性化や、家具類転倒防止対策等の家庭における防災対策を促進しているところである。大規模災害の発生時に、県民が適切な避難行動をとるためには、より一層の防災意識の向上が必要であるが、県としてどのようにどのように取り組んでいくべきか、あなたの意見を述べ、討論しなさい。

❷香川県では、県民の利便性の向上と行政運営の効率化を図るため、セキュリティ対策にも留意しつつ、行政手続のデジタル化を推進しているところであるが、行政手続のデジタル化を進めていくにあたり、その課題と、県としてどのように取り組んでいくべきか、あなたの意見を述べ、討論しなさい。

❸香川県では、県内企業の人材確保に向け、「香川県就職・移住支援センター（ワークサポートかがわ）」において、きめ細かなマッチング支援や合同就職面接会の開催などに取り組んでいるところであるが、求職者に対し、県内企業の情報や魅力を効果的に発信していくためには、県としてどのように取り組んでいくべきか、あなたの意見を述べ、討論しなさい。

（ほか５題あり）

福岡県（令和３年度）

❶新型コロナウイルス感染症への対応をきっかけに、給付金申請時等における行政のオンライン手続の不具合や学校のオンライン教育に必要な基盤やノウハウの不足、テレワークを進め

るうえで押印手続等がその支障となるなど、あらゆる分野でデジタル化への課題が浮き彫りとなりました。このような中、政府は、デジタル技術の活用により、一人ひとりのニーズに合ったサービスを選ぶことができる社会の構築、誰一人取り残さない人に優しいデジタル化を進めることを基本方針に掲げ、令和３年５月、デジタル改革関連法を成立させ、９月にデジタル庁が発足しています。そこで、一人ひとりのニーズに合うサービスを提供するため、どのようなことがデジタル化されると良いか、また誰一人取り残さないために、どのような配慮が必要か、グループで話し合い、一定の結論をまとめなさい。

❷「2019年国民生活基礎調査（厚生労働省）」によると、2018年（平成30年）時点における日本の子どもの貧困率は13.5％ですが、その後、新型コロナウイルスの影響により保護者が経済的に困窮し、厳しい状況に置かれている子どもがさらに増加しているおそれもあります。福岡県は、第２期子どもの貧困対策推進計画（令和３年度～７年度）において、すべての子どもたちが生まれ育った環境に左右されず、本人の意欲と適性に応じて、教育を受け、職業に就くことで、地域社会を支える一員として活躍できることを基本目標に掲げていますが、この目標を達成するため、具体的にどのような取組みを推進していくべきか、グループで話し合い、一定の結論をまとめなさい。

熊本県（令和３年度）

❶新型コロナウイルス感染症の感染拡大を機に広がったテレワークについて、労働時間の減少や生産性の向上、多様で柔軟な働き方の推進などさまざまな効果が期待されています。しかし、民間調査会社が、令和３年８月に実施した調査によると、熊本県内のテレワーク実施率は、全国平均を下回っています。熊本県として、より一層テレワークを推進していくにあたって、考えられる課題とその対策について、グループ内で討論してください。

❷本県の人口は、平成10年を境に減少傾向にあり、令和元年時点で174.8万人となっています。このまま何も対策を講じなければ、本県の令和42年の人口は約124.3万人となるとの推計もあり、地域経済への広範囲な影響や地域文化や地域コミュニティの維持・存続等にも支障が生じることが懸念されています。そこで、本県に人々を呼び込み、また、本県に人々がとどまるためにはどのような方策が有効か、本県の現状や課題を踏まえ、グループ内で討論してください。

広島市（令和３年度）

❶昨今、国や地方自治体において、本来大人が担うと想定されている家事や家族の世話などを日常的に行っている子ども（いわゆるヤングケアラー）に対する支援に向けた取組が行われている。こうした状況の背景について考察・整理した上で、行政としてヤングケアラーの支援にどのように取り組むべきか討論し、グループとしての考えをまとめなさい。

❷昨今、国や地方自治体において、行政手続のオンライン化が推進されている。こうした状況の背景について考察・整理した上で、広島市として行政手続のオンライン化の推進にどのように取り組むべきか討論し、グループとしての考えをまとめなさい。

❸このグループは、A社が立ち上げた「働き方改革プロジェクト」のメンバーであると仮定する。A社が現在抱えている課題（⑴人員削減に伴う従業員１人当たりの業務量の増加、⑵自分の仕事が終わってもすぐに帰れない職場風土、⑶時間外手当目的の緊急性・必要性が低い時間外労働の横行）を踏まえ、プロジェクトの目的である「従業員の時間外労働の削減」を達成するためにどのように取り組むべきか討論し、グループとしての考えをまとめなさい。

（ほか２題あり）

熊本市（令和３年度）

❶本市では、熊本城の緑と調和した都市の景観整備に取り組んできたところだが、一方で、巨木化、老朽化した街路樹は、通行の安全性や維持管理費用の増加等の問題も生じている。今後、「森の都」と安全で住みやすい都市を両立していくためには、どのような取組が必要か、グループで話し合い、意見をまとめなさい。

❷少子高齢化が急速に進行し人口が減少する中で、働く意欲のある高齢者が、その能力を十分に発揮できるよう、定年延長等の措置によって、70歳までの就業機会を確保する事業者が増えてきている。このことは、若年者の働き方にも影響を与えると思われるが、今後、若年者から高齢者までさまざまな世代が意欲をもって働ける職場環境をつくるために、どのような取組が必要か、グループで話し合い、意見をまとめなさい。

（ほか１題あり）

グループワーク

奈良県（令和３年度）

近年、全国各地で豪雨等により多くの被害が出ています。また、気象庁は、南海トラフ地震発生の可能性が高まっていると発表しています。そこで、災害から人命を守り、できる限り被害を小さくするために、どのような取組が考えられるか、グループとしての意見をまとめ、発表してください。

（注：取り組む主体は、行政に限りません。）

岡山県（令和３年度）

〔行政職〕新型コロナウイルスの新規感染者が全国で減少しており、感染拡大により落ち込んだ消費の喚起を促すため、買い物や旅行などのキャンペーン開催の動きが始まっています。感染リスクを抑えながら、岡山県内の多くの【分野】を人々が訪れてくれるための新しいキャンペーンをグループで話し合って提案してください。

（キャンペーンは１か所だけでなく、県内各地の複数の場所を人々が訪れるためのものとしてください。）

※【分野】には次のいずれかが入ります。①飲食店　②観光地

〔行政職〕県では、さまざまなライフステージにおいて、全ての職員が仕事と生活を両立しつつ更に活躍できるような職場づくりを目指しています。そのためには改善すべき点や、推進していかなければならないことが多くあります。そこで皆さんは、ワークライフバランスの実現と女性活躍推進の観点から【目標】を達成するために、どのような取組を行っていくべきか、グループで案をまとめて、提案してください。

※【目標】には次のいずれかが入ります。

⑴男性の育児休暇取得促進

《現状（R2）：10.8％　目標＊（R7）：30％》

⑵管理職における女性職員の割合増加

《現状（R2）：10.8％　目標＊（R7）：13％》

＊「岡山県子育て・女性職員活躍推進計画」における目標

神戸市（令和３年度）

テレワーク（在宅勤務）については、新型コロナウイルス感染症拡大の影響を受け、改めて

その有用性と必要性が見直されています。しかしながら、民間の調査（令和２年11月）によると、正社員のテレワーク実施率は全国平均で24.7%にとどまっています。神戸市では、「新型コロナウイルス感染症対策における神戸市の対応方針」において、テレワーク活用等による出勤者数の削減徹底を呼びかけています。そこで、民間企業のテレワーク実施率を向上させるために、行政はどのような取組みを行うべきか、テレワーク推進に対する課題を整理したうえで、グループで議論し、意見をまとめて発表してください。

プレゼンテーション面接

名古屋市（平成30年度）

❶試験の方法

●事前に与えられた課題について、提出資料をもとにプレゼンテーションする。
●プレゼンテーションは５分を上限とする。
●プレゼンテーション後、その内容および自己紹介書をはじめとした全般的な事項について質疑を行う。
●質疑の内容は、プレゼンテーションに限定されるものではない。

❷プレゼンテーションの課題

市役所には、複雑・多様化する市民ニーズが的確に対応していくことが求められていますが、個々の職員の置かれた状況はさまざまであることから、職員一人ひとりが十分にその職責をはたしていくうえでは、ワークライフバランスの実現が必要不可欠です。

①あなたのこれまでの職務経験から、ワークライフバランスを実現するためには何が必要であると考えますか。
②即戦力として期待されるあなたは、入庁後に組織の中で、ワークライフバランスの実現に向けて、どのように仕事のマネジメントを行うか、具体的に述べてください。

❸課題の回答作成・提出

●この課題について、回答資料をA4用紙２枚以内（片面印刷）にまとめて作成すること。用紙ごとに「試験区分、受験番号」を記入（回答資料の中に個人が特定される記述はしないこと）。
●作成した資料は、４部提出する。
（自筆原本１部、写し３部／プリントアウト資料４部　いずれも可）
●原本（プリントアウトの場合は、４部のうちいずれか１部）には、自筆で氏名を記入（原本以外には氏名を記入しない）。

❹提出資料の取扱い

●提出資料は、プレゼンテーションの資料として、面接官に配付。受験者は当該資料をプレゼンテーション会場に持ち込むことが可能。
●提出書類は返却（一時返却を含む）されない。

岩手県（令和４年度）

〔一般行政B〕あなたのこれまでの職務経験の中でどのようなことに取り組み、そこからどのようなスキルを身につけたか、また、それを県政のどのような分野において、どのように生かすことができるかということについて、10分以内でPRしてください。

栃木県（令和４年度）

〔行政〕 社会人経験の内容とそれを公務にどう生かそうとしているか（２分）。

神奈川県（令和４年度）

職務・社会活動経験、スキル・資格等について自己アピール（５分）。

大阪府（令和３年度）

〔行政〕 少子高齢化・人口減少の進展に伴い、生産年齢人口が減少していく中で、要介護・要支援認定者、単身の高齢者世帯などは増加し続けると見込まれており、介護・福祉人材の確保は、今後一層困難になっていくと予想されています。また、医療ニーズや複数の障がいのある方々、認知症高齢者の増加など、高度化・多様化する支援ニーズに的確に対応していくためには、介護・福祉人材の資質の向上を図ることも重要です。あなたは大阪府職員で、地域福祉行政を担う部署の担当者です。このたび、あなたは上司から、介護・福祉人材の確保と資質の向上を推進するための事業を企画提案するように命じられました。そこで、上司に対するプレゼンテーションを想定して、あなたが企画した事業案について、その内容・効果等を説明し、あなたの企画案を事業化に導いてください。

※費用負担面については、大阪府の実際の予算額を前提としなくて結構ですが、現実的な範囲としてください。

※ここでとりあげる事業は、大阪府で行う事務事業であると否とを問いません（国・市町村の事務事業に属するものであっても構いません）。

※架空の事業についてプレゼンテーションをしていただきますが、引用する法令、条例、資料、データ等は実際に存在しているものを引用してください。また、引用元を明確にしてください。

奈良県（令和４年度）

社会人としての経験を通じて培った知識・能力についてプレゼンテーション（５分程度）。

島根県（令和４年度）

面接の冒頭で、自己アピール論文の内容についてプレゼンテーション（５分程度）。

岡山県（令和４年度）

面接の冒頭で、自らの経験や能力等について、プレゼンテーション（５分程度）。

徳島県（令和３年度）

一次試験合格通知に記載された課題について、試験室で個別に自分の考えを１分以上２分以内で述べる。

愛媛県（令和４年度）

民間企業等における経験・実績や県行政に対する意欲等について、プレゼンテーション（10分程度）。

高知県（令和４年度）

個別面接の中で、県行政に携わるにあたっての意欲等についてのプレゼンテーション（５分程度）。

名古屋市（令和４年度）

あなたがこれまでの職務経験を通して身につけたセールスポイントとなる能力を、３つ挙げてください。それぞれの能力について、どのようにして職務経験の中で培ってきたか、その背景も含めて具体的にプレゼンテーションしてください。

名古屋市（令和２年度）

〔保育２〕社会的養護における施設退所児童の退所後の支援（アフターケア）について、あなたの考えを述べてください。

名古屋市（令和元年度）

〔行政一般・社会福祉・土木・建築・機械・電気〕近年、住民の行政に対する要望が多様化しています。そのような中で瑕疵・過失が存在しないのにクレームを申し立てられるケースもあります。

1　住民と直接対応する機会の多い公務職場において、住民対応で大事なことは何か述べてください。

2　あなたのこれまでの職務経験を踏まえ、住民からのクレームにあなたはどのように対応していくのか、具体的に述べてください。

〔保育２〕保育所以外の児童福祉施設をひとつ例にあげ、その施設に通所又は入所している子どもや、その家族に対する支援について、どのような関係機関とどのように連携するか、あなたの考えを述べてください。

論文試験の課題例

自治体・試験別に課題例を、公表情報や受験者からの受験情報をもとにまとめたものです。

青森県（令和３年度）

あなたが考える「暮らしやすい青森県」とはどのようなものか。その実現に向けた課題を挙げ、今後どのような取組みを行っていくべきか、述べなさい。（60分・800字）

岩手県（令和２年度）

〔一般行政 B〕【論文】本県は、東日本大震災の被災地として、日本そして世界の防災力の向上に貢献できるよう、これまで国内外からいただいた多くの復興支援に対する感謝を示すとともに、東日本大震災津波の事実を踏まえた教訓を伝承し、復旧・復興の取組みや防災・減災の最先端地域としての三陸の姿を広く国内外に発信していくことが求められています。そこで、復旧・復興の取組みや、防災・減災の最先端地域としてどのような取組みが必要か、具体的な課題を１つ挙げ、その解決策についてあなたの考えを論じなさい。

秋田県（令和３年度）

〔行政 C〕あなたがこれまで培ってきた職務経験の中で最もアピールできるものは何ですか。また、それを、どのように秋田県のために活かしますか。「求める人材像」を踏まえ、具体例を挙げて述べなさい。（60分・800字）

【行政 C の求める人材像】

① 民間企業等における職務経験年数が５年以上の者多様化するニーズに応えられる、企業などで培った経験や専門的な知識・能力、民間のノウハウを有する人

② 国家公務員または地方公務員の職務年数が５年以上の者公務員として培った経験等を活かし、即戦力となる人

茨城県（令和２年度）

社会経済がグローバル化してきたなか、茨城県が発展していくために取り組むべき施策について、あなたの考えを述べなさい。

栃木県（令和３年度）

自己アピール論文として、社会人経験により培われた知識や能力について。（90分・1,100字程度）

群馬県（令和３年度）

群馬県では、新・総合計画において、多様な県民、企業、研究機関、NPO等が集まり、課題解決のアイデアやイノベーションをともに創り出し実行する「官民共創コミュニティ」の育成をめざしている。あなたのこれまでの職務経験を踏まえ、「官民共創コミュニティ」を育成するために必要な施策は何か、理由も含めて述べよ。（90分・1,200字）

埼玉県（令和３年度）

【論文試験Ⅱ（二次試験）】新型コロナウイルス感染症により、いま、私たちの社会は、さまざ

まな困難に直面しています。この危機を乗り越え埼玉県が持続的に発展、成長していくためには、社会の新たな変化に対応して、課題を解決していく必要があります。そこで、重要と考える課題を一つ挙げ、その解決のためにどのような取組みを行うべきか、あなたの考えを900字以上で述べなさい。

神奈川県（令和３年度）

あなたがこれまで担当した（あるいは、現在担当している）職務の中で、あなたが自発的にチャレンジし、組織から専門性を評価された実績を挙げ、今後神奈川県職員として、その経験をどのように生かすことができるか述べなさい。

山梨県（令和３年度）

あなたがこれまでの職務経験等で成果を上げた事例を挙げ、今後、山梨県職員として、その経験を業務にどのように活かしていきたいのか、本県の現状や課題を踏まえながら、あなたの考えを述べなさい。

長野県（令和３年度）

〔就職氷河期世代〕あなたがこれまで最も力を入れて取り組んできたこと（学生時代のことを除く）を具体的に述べ、そこから何を得たか述べなさい。また、あなたの経験を生かして、長野県職員としてどのような業務に挑戦してみたいか具体的に述べなさい。（時間不明・900字）

〔社会人経験者を対象とする選考（第一回）〕社会環境が急激に変化しているが、こうした変化を好機ととらえ、長野県をより魅力ある県としていく必要があります。あなたが着目する社会環境の変化を挙げて、その変化を活かしてどのように魅力ある長野県としていくか具体的な取組を提案してください。（時間不明・1,200字）

〔社会人経験者を対象とする選考（第二回）〕※考査日ごとに論文課題を変更。

① 自身が考える「長野県の課題」を一つ挙げ、その課題を解決するためにあなたが受験している職種の県職員としてどのように取り組んでいきたいか、あなたの考えを述べなさい。（時間不明・1,200字）

② 自身が考える「理想の県職員像」を述べたうえで、あなたが受験している職種の県職員としてその実現に向けてどのように行動していきたいか、あなたの考えを述べなさい。（時間不明・1,200字）

新潟県（令和２年度）

〔一般行政（ICT、財務）を除く全職種〕本県を取り巻く社会経済状況が近年大きく変化している中、あなたが考える新潟県の持っている特性や課題を挙げ、それに対して県としてどのような取組みをしていくべきか、述べてください。なお、あなたの民間企業等での経験をどのように活用することができるかという点にも触れながら記述してください。（800字）

三重県（令和２年度）

上司や同僚とともに組織の一員として仕事を進めるうえで、大切だと考えることについて、あなたの考えを書いてください。（600字）

福井県（令和２年度）

① 県外在住のあなたから見て、本県の強みは何かについて具体的に述べたうえで、その強みを活かして本県が今後特に取り組むべきと考える施策について具体的に一つ挙げるとともに、その理由を述べなさい。

② ①で述べた施策を実現するために、あなたは、これまでの職務経験を活かしてどのように取り組んでいきたいか述べなさい。

滋賀県（令和２年度）

昨今、新型コロナウイルス感染症の拡大やテレワークの普及等により、社会の在り方が「都市集中型」から「地方分散型」への転換期を迎えていると言われています。これを機に、滋賀県で地方創生を図るに当たり、県はどのような取組みを行うべきか、滋賀県の特性を明確にしたうえで、あなたの考えを述べてください。

大阪府（令和２年度）

1990年以降、日本に在留する外国人数は大幅に増加し、令和元年末には過去最高の293万人に達した。日本の全人口に占める外国人人口の割合は2.1％に高まり、その国籍も多様化している。平成31年の出入国管理及び難民認定法の改正による新たな在留資格の創設を踏まえ、今後、外国人との共生社会の実現に向けたさらなる環境の整備が求められている。そこで、次の①から③の問いに答えなさい。

① 在留外国人が増加する背景や要因について述べなさい。

② 外国人との共生生活の実現にむけた課題について、幅広い観点から述べなさい。

③ ②で挙げた課題の解決に必要な取組みについてあなたの考えを具体的に述べなさい。

岡山県（令和２年度）

働き方改革関連法案が2019年４月から施行され、「長時間労働の是正」、「正規・非正規の非合理な処遇差の解消」、「多様な働き方の実現」が進められている。これは、人口減少社会における労働不足の解消に向け、働き手を増やすとともに、生産性を向上させるための施策であり、従前の働き方の見直しが不可欠である。働き方改革を実現するうえでの課題や取組効果などを、あなたの経験等を踏まえて論じなさい。

山口県（令和２年度）

人口減少の進行が地域社会へ及ぼす影響、その課題を克服するために必要な取組みについて

徳島県（令和２年度）

新型コロナウイルス感染症によって、一部の人たちによる心ない言動（感染者の個人情報を探索・拡散したり、あるいは、阻害するような言動）が問題になっている。少子高齢化が進んでいる本県では、「人に優しい」社会を目指していくべきであると考えた場合、徳島県として、行政はどのような距離感でこのような行為に対峙し、対策をとるべきか。これまでの経験を踏まえたうえであなたの考えを具体的に述べなさい。

香川県（令和３年度）

香川県では、新たな香川づくりの指針となる次期総合計画「みんなでつくるせとうち田園都市・香川」実現計画（仮称）の素案において、「安全と安心を築く香川」、「新しい流れをつくる香川」、「誰もが輝く香川」を３つの基本方針として掲げている。これら３つの基本方針の中から、あなたが考える香川県の課題を具体的に１つ挙げ、その課題の解決に向けて、あなたがこれまでの職務の中で培った経験・知識・能力を活かして、香川県職員としてどのように貢献できるか述べなさい。

愛媛県（令和３年度）

「アフターコロナにおける地域活性化に向けた取組みについて」

（課題の趣旨）

本県では、新型コロナウイルスの感染が拡大する中、県民の命と生活を守るため、「チーム愛媛」の強い力を発揮し、感染拡大防止への対応はもとより、事業者の事業継続や雇用維持

への支援に取り組むとともに、県内観光の促進、県内事業者が取り組むデジタルシフトへの支援、テレワーカーやワーケーション誘致の推進など、本県にとって有効と考える独自の事業を実施してきました。そこで、アフターコロナを見据えつつ、本県の地域活性化を図るために課題と考えられる点を挙げ、その解決に向けて県としてどう取り組むべきか、あなたの考えを述べなさい。(90分・文字数不明)

福岡県(令和2年度)

〔二次試験〕経済産業省が発表した2019年の家計消費支出に占めるキャッシュレス決済の比率は、過去最高の26.8%となったが、海外諸国と比較するとまだ低い状況にあります。キャッシュレス化のメリット、デメリットを挙げたうえで、あなたが普及を推進する立場にあると仮定し、なぜ普及させるべきなのか、また行政が普及のために行う取組みとして、どのような取組みが考えられるか、あなたの考えを述べなさい。

佐賀県(令和3年度)

〔UJIターン枠〕新型コロナウイルス感染症の感染拡大により私たちの暮らしは大きく変わりました。「ウィズコロナ」、「アフターコロナ」に対応するために、佐賀県が取り組むべき施策ついて、あなたの考えを述べなさい。(1,000字以内)

熊本県(令和2年度)

今後の熊本県政を進めるうえで重要と考える課題を挙げ、その課題を解決するために、あなたが職務経験で得た知識や能力をどのように生かせるか。

宮崎県(令和2年度)

少子化の進展は、わが国の社会経済全体に多大な影響を及ぼす社会的課題となっている。そこで、あなたの考える少子化による課題を挙げたうえで、宮崎県が取り組むべき方策について、あなたの考えを述べなさい。

さいたま市(令和2年度)

さいたま市では、「自ら主体的に学ぶ姿勢」、「職員相互に育て合うこと」、「さいたま市への想い」を人材育成の基本としています。後輩職員等の人材育成を考えたとき、仕事を進めていくうえで重要なことは何か、あなたの経験を交えて述べなさい。

千葉市(令和2年度)

千葉市では、この民間企業等職務経験者を対象とした試験により、既存職員とは異なる発想で、前例にとらわれない広い視野を持ち、それを実践できる行動力のあるひとを求めています。あなたのこれまでの職務経験で、前例にとらわれない視点により行動し、成果を上げた、又は達成した事例を挙げ、その経験から得たことを千葉市政へどう活かせるか述べなさい。

特別区(令和4年度)

2題中1題を選択

① シティプロモーションについて

② 複雑化・多様化する区民ニーズへの対応について

横浜市(令和2年度)

〔デジタル区分以外〕横浜市では、生産年齢人口の減少が続き、財政需要の増大と税収減少が中長期的に見込まれています。この課題に対し、行政としてどのような取組みが必要か、また、これまでのあなたの経験をどのように生かすことができるか、述べなさい。

川崎市(令和2年度)

川崎市では、誰もが個人としての自立と尊厳を保ちながら、住み慣れた地域や自らが望む場で、安心してすこやかに生き生きと暮らせるまちづくりを進めています。このまちづくりを推進するうえで、活用できるあなたの職務経験を、具体的な事例を挙げたうえで、事実に即して述べるとともに、その職務経験を活かし、あなたがどのように川崎市に貢献できるのかを、併せて述べてください。

新潟市（令和３年度）

〔就職氷河期世代〕公務員として働くうえで、あなたが重要と考えることは何か、考えを述べなさい。（60分・1,200字）

〔民間企業等職務経験者・一般行政〕これまでの職務経験の中で、最も力を入れて取り組んだことと、その経験を市の職員としてどのように活かしたいか、あなたの考えを述べなさい。（60分・1,200字）

〔民間企業等職務経験者・電気（水道）〈６月実施〉〕水道事業はどうあるべきか、あなたの考えを述べなさい。（60分・1,200字）

〔民間企業等職務経験者・電気（水道）・機械〈10月実施〉〕これまでの職務経験の中で培った能力と、それを市の業務にどのように活かしたいか、あなたの考えを述べなさい。（60分・1,200字）

静岡市（令和３年度）

〔民間企業等職務経験者・土木、建築〕受験職種に関わるこれまでの職務経験の中で、あなたが身に付けた専門的な知識や能力がどのようなものかを述べたうえで、それを日々の仕事においてどのような過程で身に付け、研鑽を続けているのか、具体的に述べなさい。また、その知識や能力を、静岡市の技術職員として、どのような業務に有効に活かすことができるか、具体的に述べなさい。（90分・1,200字）

名古屋市（令和３年度）

国がデジタル庁の設置を予定しているように、本市においても、デジタル技術を活用した事業展開が求められている。そこで、あなたのこれまでの職務経験から、今後、本市はどのようなことに取り組むべきか。課題やその解決策等にも触れながら、具体的に述べてください。

京都市（令和３年度）

〔民間企業等職務経験者〕過去７年間の職務経験の中で、あなたが組織の中心となって業務を改革した経験を挙げ、そこでどのような役割を果たしたのか具体的に述べてください。（40分・600字）

〔民間企業等職務経験者〈ICT・デジタル枠〉〕過去７年間の職務経験のうち、技術的に最も困難と感じた職務内容とその理由、また、それをどのようにして乗り越えたかを、それぞれ具体的に述べなさい。（40分・600字）

大阪市（令和３年度）

〔社会人経験者・社会福祉〕

①　ソーシャルワーク実践におけるネットワークの定義および機能について述べなさい。

②　支援対象者の解決力の向上のために、支援者が果たすべき役割について述べなさい。（60分・文字数不明）

堺市（令和２年度）

近年、気候変動の影響により大雨の頻度が増加しており、今後も、地球温暖化の進行に伴い、台風など熱帯低気圧の強さが増す可能性が指摘されている。そのような中、避難所等における新型コロナウイルス感染症への対応を含め、風水害の対策に関してどのように取り組むべきか、あなたのこれまでの経験等を踏まえ自身の考えを800字程度で述べなさい。

神戸市（令和２年度）

「新型コロナウイルス感染症の影響下における生活意識・行動の変化に関する調査」（内閣府）によると、テレワークの経験者のおよそ４人に１人が地方移住への関心を高めていることが分かりました。また、東京都23区に住む20歳代についても、地方移住への関心は高くなっています（約35％）。東京一極集中が進行する中、若年層を中心に神戸への移住を推進するために、神戸市として、今後どのような取組みに注力していくべきか、具体策について提案してください。

広島市（令和２年度）

わが国において加速度的に進む高齢化に関して、「2025年問題」が取り上げられているが、こうした課題の背景を考察したうえで、行政としてどのように取り組んでいくべきか、あなたの意見を述べよ。

福岡市（令和２年度）

福岡市の人口は、平成25年に150万人を超えてからも増加が続き、令和２年５月１日現在の推計人口が160万人を超えました。人口の急激な増加の要因と課題を挙げ、今後本市がどのように取り組むべきか、あなたの考えを述べなさい。

熊本市（令和３年度）

〔社会人経験者等〕本市では、職員が備えるべき行動姿勢として、市民志向、改革志向、自立志向、チーム志向を掲げている。社会人経験の中でこれらに生かせる出来事、共有できる経験を述べ、そこから学んだこと、本市での仕事に生かせることを1,200字以内で述べなさい。（90分・1,200字）

〔就職氷河期世代対象〕本市が抱える課題を１つあげ、それについてあなたはどのように解決していったらよいと考えているか、800字以内で述べなさい。（60分・800字）

著者紹介

春日文生（かすがふみお・筆名）

元某市役所職員。採用試験の問題作成、論文採点、面接官などを務めてきた。これまで年間100本以上の論文の採点、100人以上の面接をしてきている。

カバーデザイン　NONdesign 小島トシノブ
組版DTP　蠣﨑　愛
カバーイラスト＆マンガ　草田みかん
編集協力　佐藤嘉宏（ZACCOZ）

公務員試験
採点官はココで決める！
社会人・経験者の
合格論文＆面接術［2025年度版］

2023年12月25日　初版第1刷発行　〈検印省略〉

著　者――春日文生
発行者――小山隆之

発行所――株式会社　実務教育出版
〒163-8671　東京都新宿区新宿1-1-12
☎（編集）03-3355-1812　（販売）03-3355-1951
（振替）00160-0-78270
印刷――精興社
製本――東京美術紙工

ISBN 978-4-7889-7786-0 C0030 Printed in Japan

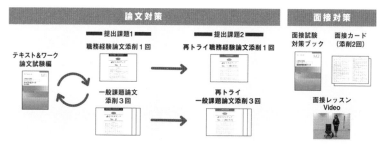

購入者特典

あなたの面接カード・論文を見てもらえる！（無料）

長年公務員試験の採点官をしてきた著者が、

あなたの面接カード、または論文を読んでコメントしてくれます。

この機会を活かして合格を勝ち取ってください。

1 メールアドレス・氏名等の登録をしてください

まずは以下のQRコードからアンケートフォームにアクセスし、氏名・メールアドレス等の登録を行います。

「面接カード」「論文」のいずれかを必ず選んでください。

※1　どちらか一方しか選べません。
※2　選択を後から変更することはできません。

2 編集部から登録確認メールを送信します

- **「面接カード」を選択の場合**→面接カードのフォームをお送りします。
- **「論文」を選択の場合**→論文のフォーム（課題指定）をお送りします。

※1　独自の「面接カード」の書式には対応できません
※2　「論文」は自由テーマも可とします。

3 メールにて「面接カード」または「論文」を送信してください

締切は、2024年11月末日となります。

※お一人様1回限りです。

4 著者のコメントを添えてメールにて返送します

返送まで2～3週間いただきます。

※1　あくまでコメントですので、添削ではありません。
※2　コメントへのご質問にはお答えできませんので、あらかじめご承知おきください。

登録はコチラから

【提出された「面接カード」「論文」について】
提出された「面接カード」や「論文」は、個人情報を除き、今後の誌面づくりに活用する可能性があります。

【個人情報の取り扱いについて】
ご提供いただきました個人情報は、企画の参考にさせていただきますとともに、個人情報保護法など関連法規を遵守し、厳重に管理・使用いたします。弊社個人情報の取り扱い方針は実務教育出版ホームページをご覧ください。